내 궁합, 내가 직접 보자

- 나도 점을 칠 수 있다 -

젊은 독자들의 의견을 수렴하여, 저의 작품 **「사랑의 나침판- 역의 해법」**의 본문에서 한자를 많이 빼고, 어떤 내용인지 바로 알 수 있도록 부제와 이름을 **나도 점을 칠 수 있다. 「내 궁합, 내가 직접 보자」**로 바꾼 책입니다.

남녀의 만남과 그 후의 향방은 음양이 감응하고 변화해 나아가는 易(역)의 일례입니다.
좋은 배우자를 만나 행복하게 살고 싶은 것은 우리 모두의 소망입니다.
이성을 사귀다 보면, 오랜 기간 서로를 알아가며 사랑을 키워가기도 하고 또 어떤 때는 만난 지 얼마 지나지 않아 결혼을 생각하는 경우도 있습니다.

각자의 판단 기준이 있겠으나 "이 사람 착해요"라는 젊은이의 말에
"네가 살아 봤냐?"고 말씀하시는 어른들을 가끔 보게 됩니다. 인연의 결과를 예측하는 것은 누구에게나 쉬운 일이 아닐 것입니다.

첫 만남 이후 어느새 결혼의 가부를 결정해야만 하는 때가 왔습니다.
지금처럼 사랑이 이어질까? 후회하게 되지는 않을까? 이런저런 생

각이 머리를 떠나지 않습니다. 세계적인 극작가 장 아누이는, 사랑은 나 자신을 위한 선물이라고 했습니다. 차분한 마음과 신중한 결정이 필요한 순간입니다.

어떻게 해야 할지 판단하기 어려운 이 선택의 기로에서 「**내 궁합, 내가 직접 보자**」를 권해 봅니다.
나의 생각과 지인들의 조언과 易(역)의 판단을 찬찬히 비교해보시기 바랍니다.
한번 가면 다시 오지 않는 시간, 인간사 화복의 대부분이 어느 순간 내린 선택의 결과입니다. 이 책이 선남선녀들의 곁에서 백년가약을 도울 것입니다.

점은 누구나 칠 수 있습니다. 점괘의 정확도는 정신 집중이 관건인데
「나의 일」에 나만큼 궁금해 할 사람은 세상 어디에도 없습니다. 그 마음이
저절로 고도의 집중을 이끌어낼 것이니, 스스로를 믿고 이 책의 점괘 내는 방법을 따라, 나의 동반자가 될 사람을 찾아보시기 바랍니다.

2024년   7월   18일
나   현

易의 성인 「복희」님께 이 책을 바칩니다

著　나현

대명주역연구소장

1963년 출생

저서
(신역) 주역
생활 속의 주역

愁心萬丈
漂浪江湖
忽登天崖
花雨大地

목차

점괘 내는 방법 - 나도 점을 칠 수 있다

上經(상경)

1.	䷀	乾爲天(건위천)	9
2.	䷁	坤爲地(곤위지)	11
3.	䷂	水雷屯(수뢰준)	13
4.	䷃	山水蒙(산수몽)	15
5.	䷄	水天需(수천수)	17
6.	䷅	天水訟(천수송)	19
7.	䷆	地水師(지수사)	21
8.	䷇	水地比(수지비)	23
9.	䷈	風天小畜(풍천소축)	25
10.	䷉	天澤履(천택리)	27
11.	䷊	地天泰(지천태)	29
12.	䷋	天地否(천지비)	31
13.	䷌	天火同人(천화동인)	33
14.	䷍	火天大有(화천대유)	35
15.	䷎	地山謙(지산겸)	37

16.	䷏	雷地豫(뇌지예)	39
17.	䷐	澤雷隨(택뢰수)	41
18.	䷑	山風蠱(산풍고)	43
19.	䷒	地澤臨(지택림)	45
20.	䷓	風地觀(풍지관)	47
21.	䷔	火雷噬嗑(화뢰서합)	49
22.	䷕	山火賁(산화비)	52
23.	䷖	山地剝(산지박)	54
24.	䷗	地雷復(지뢰복)	56
25.	䷘	天雷无妄(천뢰무망)	58
26.	䷙	山天大畜(산천대축)	60
27.	䷚	山雷頤(산뢰이)	62
28.	䷛	澤風大過(택풍대과)	65
29.	䷜	坎爲水(감위수)	67
30.	䷝	離爲火(이위화)	69

下經(하경)

31.	䷞	澤山咸(택산함)	72
32.	䷟	雷風恒(뇌풍항)	77
33.	䷠	天山遯(천산둔)	76
34.	䷡	雷天大壯(뇌천대장)	78

35.	䷢	火地晉(화지진)	80
36.	䷣	地火明夷(지화명이)	82
37.	䷤	風火家人(풍화가인)	84
38.	䷥	火澤睽(화택규)	86
39.	䷦	水山蹇(수산건)	88
40.	䷧	雷水解(뇌수해)	90
41.	䷨	山澤損(산택손)	92
42.	䷩	風雷益(풍뢰익)	94
43.	䷪	澤天夬(택천쾌)	96
44.	䷫	天風姤(천풍구)	98
45.	䷬	澤地萃(택지췌)	100
46.	䷭	地風升(지풍승)	102
47.	䷮	澤水困(택수곤)	104
48.	䷯	水風井(수풍정)	106
49.	䷰	澤火革(택화혁)	109
50.	䷱	火風鼎(화풍정)	111
51.	䷲	震爲雷(진위뢰)	113
52.	䷳	艮爲山(간위산)	115
53.	䷴	風山漸(풍산점)	118
54.	䷵	雷澤歸妹(뇌택귀매)	120
55.	䷶	雷火豊(뇌화풍)	122
56.	䷷	火山旅(화산려)	124
57.	䷸	巽爲風(손위풍)	126
58.	䷹	兌爲澤(태위택)	128
59.	䷺	風水渙(풍수환)	131
60.	䷻	水澤節(수택절)	133
61.	䷼	風澤中孚(풍택중부)	135
62.	䷽	雷山小過(뇌산소과)	137

63.	䷾	水火旣濟(수화기제)	139
64.	䷿	火水未濟(화수미제)	141

점괘 내는 방법 -   나도 점(占)을 칠 수 있다

1) 책으로 내는 방법

괘(卦)를 내기 전, 알아야 할 것

ㄱ. 8괘

1	천(天)	☰	건(乾)
2	택(澤)	☱	태(兌)
3	화(火)	☲	이(離)
4	뢰(雷)	☳	진(震)
5	풍(風)	☴	손(巽)
6	수(水)	☵	감(坎)
7	산(山)	☶	간(艮)
8	지(地)	☷	곤(坤)

ㄴ. 괘를 낼 때의 자세

단정하게 앉아 심신(心身)을 차분히 가라앉히고 눈을 감습니다.

ㄷ. 눈을 감은 채, 속으로 나의 상황을 하늘에 말씀 드리고
'제가 ++와 결혼해도 되겠습니까? 가르침을 주시오소서'
라고
경건한 마음으로 여쭈며 정신이 집중되는 순간, 책을 펼칩니다.

펼쳐진 왼쪽 페이지의 수를 노트에 적습니다.

그 다음, 위의 과정을 동일하게 반복하여 책을 또 펼치고 그 왼쪽 페이지 수를 앞의 페이지 숫자 위에 적습니다.

드디어, 괘가 나왔습니다. 먼저, 첫 번째의 왼쪽 페이지가 만약 129 면 각 자리의 수를 더합니다.
1+ 2+ 9 = 12

12를 8괘의 8로 나눕니다. 12는 8로 나누면 4가 남습니다. 4는 8괘의 1~ 8에서 4 = 뢰(雷)입니다.

다음으로,

두 번째의 왼쪽 페이지가 만약 127 이면, 각 자리의 수를 더하여 1+ 2+ 7 = 10 이고
10을 8괘의 8로 나눕니다. 10은 8로 나누면 2가 남습니다. 2는
8괘의 1~ 8에서 2 = 택(澤)입니다.

이제
내가 받은 괘의 이름을 알 수 있게 되었습니다. 아래에 적은

수 129는 뢰(雷), 위에 적은 수 127은 택(澤)입니다.

괘를 낼 때는 아래부터 적어 갔으나, 읽을 때는 반드시 위에서부터 읽어야 합니다. 이렇게 해서 택뢰수 괘가 나왔다는 것을 알 수 있습니다.

2) 동전으로 내는 방법

10원짜리 50원짜리 어떤 동전이든 상관이 없으나, 저는 괘를 낼 때 소리가 작게 나는 10원을 더 좋아합니다.

10원을 6개 준비합니다. 이는 64괘가 모두 다 6개의 효(爻)로 이루어져 있기 때문입니다.

탑(- 塔)이 있는 쪽을 양(陽), 숫자 10 이 있는 쪽을 음(陰)으로 봅니다.
양은 —
음은 -- 으로 표시합니다.

이제 괘를 내보겠습니다. 앞에서와 같이 눈을 감고 정성스러운 마음으로

'제가 ++와 결혼해도 되겠습니까? 가르침을 주시오소서'
라고
하늘에 여쭈며, 동전을 양손 안에 넣고 어린 시절 홀짝놀이를 하듯 흔듭니다.

답을 간절히 원하는 일심의 순간이 왔을 때, 왼손이나 오른손 중(中)
어느 한 손으로 잡아챕니다. 책으로 내는 방법(方法)과는 다르게, 이 한 번의 동작으로 괘(卦)를 내는 과정은 모두 끝났습니다.

이때 손등은 천정을 향해 있어야 하며, 손 안의 동전이 헝클어져 있지 않고 삐뚤빼뚤 하더라도 차곡차곡 쌓이듯 잡혀 있어야 합니다.

손등이 위를 향한 그 상태에서, 동전을 잡고 있지 않은 나머지 손으로
동전들을 1층부터 6층까지의 위치가 바뀌지 않도록 조심하며 가지런히 정렬합니다.

마지막으로 맨 위 동전부터 책상에 꺼내놓되 (여전히 손등은 위를).

두 번째 동전은 이미 내려놓은 맨 위의 동전보다 위쪽에
세 번째 동전은 두 번째 동전 위
네 번째 동전은 세 번째 동전 위, 이렇게 차례차례 해나가면 6개의 동전이 세로 방향으로 죽 늘어서게 됩니다.

여기에서 늘어서 있는 10원 짜리가

꼭대기의 동전이 탑이면   양   ▬
그 아래 동전이 10 이면   음   ▬ ▬
그 아래 동전이 10 이면   음   ▬ ▬

                 상괘(上卦)   산(山)

그 아래 동전이 10 이면	음 --
그 아래 동전이 10 이면	음 --
그 아래 동전이 탑이면	양 —

　　　　　　하괘(下卦)　　뢰(雷)

이 됩니다.

괘(卦)가 나왔습니다. 여기서도 위에서 아래로 읽어야 합니다. 위는 산(山) 아래는 뢰(雷), 하늘이 내려주신 가르침은 山雷頤(산뢰이) 괘입니다.

3) 8각주사위로 내는 방법

8각 주사위는 각 면에 1 2 3 4 5 6 7 8 의 숫자가 적혀 있습니다. 이 8개의 수를 8괘가 지칭하는 수로 보시면 됩니다.

눈을 감은 채 잡념이 없는 깨끗한 마음으로
"제가 ++와 결혼해도 되겠습니까? 가르침을 주시오소서"
라고
하늘에 여쭈며 정신이 집중이 되는 순간, 주사위를 굴린 후 눈을 뜹니다.
만약 8이 나왔다면, 8괘의 1~ 8에서 8은 지(- 地)입니다. 노트에 8 이라고 적습니다.

이어서 다시 눈을 감고, 정성스러운 마음으로 위 과정을 반복하며 주사위를 또 굴립니다.
만약 3이 나왔다면, 8괘의 1~ 8에서 3은 화(- 火)입니다. 3을 앞의 숫자 8 위에 적습니다.

이제 卦(괘) 이름을 알 수 있습니다. 상괘는 3, 하괘는 8입니다. 위에서 아래로 읽으면 하늘의 가르침은 火地晉(화지진) 입니다.

8, 16, 24, 32, 40, 48, 56, 64, 72 등 8의 배수는 8괘의 1~ 8 에서 8 = 지(- 地) 입니다.

상경(上經)

1. ☰ 건위천(乾爲天)

이 卦(괘)는 상, 하괘 모두 乾(건)으로 이루어져 있으며 나아가는 강한 성질의 양효(—)가 6개입니다. 乾(건)은 하늘 건, 굳셀 건, 부지런할 건 字이며 / 순양(純陽)의 乾(건 ☰) 에는 아버지, 남편, 공무원, 어른, 빌딩, 도시, 관공서, 학교, 말(馬), 용(龍) 등의 의미가 있습니다.
상전의,
自彊不息(자강불식- 스스로 힘써 일하며 쉬지 않는다) 이라는 말과 같이 근면 성실한 성품을 가진 인물들에게 잘 나오는 괘입니다.

일반의 운세에서 여자(--)가 건위천이라면 음과 양이 섞여있는 모습인데,
남자(—)는 안팎으로
오직 양(—) 한 가지라는 의미에서 연일 동분서주(東奔西走- 여기저기 사방으로 분주하게 돌아다님) 하고는 있으나, 그 만큼의 성과가 있는지를 돌아보면서 일의 緩急(완급)을 조절해 보는 것이 좋을 것입니다.

"이 여성과 결혼해도 되겠습니까?"

남성적인 활달한 성품을 지니고 있습니다. 미풍(微風- 살살 부는 바람)에 흔들리는 꽃잎 같은 분위기는 없는 듯 보이나, 건전하고 밝은 성격을 지녔으며 사업과 일에서 남자들에게 뒤지지 않는 여자입니다.

"이 남성과 결혼해도 되겠습니까?"

문언전의 知進而不知退(지진이부지퇴- 나아가는 것만 알고 물러설 줄을 모른다) 라는 말에서,
약간의 유연성이 필요하다고 보이나 건실한 성품을 지닌 매우 부지런하고 진실한 사람입니다. 그의 바쁜 일들이 정돈될 때까지는, 여유를 가지는 것이 좋습니다.
시간에 쫓기다 가려진 진솔하고 인간적인 멋을 느낄 수 있을 것입니다.

乾(건)에 어른, 관리의 의미가 있다는 점에서 상대가 관직의 인물이라면 더 좋은 혼담이라고 생각해도 무방합니다.

2. ☷ 곤위지(坤爲地)

이 卦(괘)는 상, 하괘가 모두 坤(곤)이어서 건위천과 반대로 음(--)이 6개입니다. 地(지)는 땅 지, 장소 지, 지위 지 字이며 / 순음(純陰)의 坤(곤 ☷)은
어머니, 땅, 아내, 황후, 아랫사람 등의 의미를 가지고 있습니다.

활발하고 동적인 양(—)은 한 개도 없이 고요하고 무거운 성질의 음(--) 으로만 이루어져 있는 탓인지, 다른 괘에 비하여 호불호(好不好- 좋음과 좋지 않음)의 결정이나 그 진행과정이 상당히 늦을 것입니다. 이를 염두에 두고 조금 더 의욕적으로 움직일 필요가 있습니다.

"이 여성과 결혼해도 되겠습니까?"

만물을 키우는 땅이 꾸밈이 없듯이 남자의 마음을 흔드는 애교나 교태와는 거리가 있으나 착한 아내와 어진 엄마가 될 수 있는 지순한 스타일의 여성입니다.
원문과 문언전에, 利牝馬之貞(이빈마지정- 암말의 온순한 성품을 가지면 이롭다)
/ 지극히 부드러우나 움직임이 강하고 지극히 고요하나 덕이 方正 방정하다.
남을 앞서지 않고 뒤에 서니 이득이 있다. 利(이)를 중시(- 主)하기는 하나,
늘 행히여야할 도(- 常. 본분)를 지키며 만물을 포용하니 덕의 敎化 교화가 빛난다. 땅의 도(道)는 그렇게 유순한 것인가 라는 말이 있

습니다.

"이 남성과 결혼해도 되겠습니까?"

6개의 爻(효)가 모두 음(-- / 地)이라는 점에서, 여성적인 섬세한 성격을 지니고 있을 것이며 조용하고 나대지 않아 자신의 가치가 잘 드러나지 않는 사람입니다.
따라서
영업이나 홍보와 같은 활동적인 일 보다는 앉아서 일하는 사무직이 적합하나, 예외적으로 농사를 짓거나 소 양 돼지 등을 키우는 것은 좋습니다. 괘 이름이 地(지- 땅)이고, 땅이 그를 대표하는 이미지이며,
대지(大地)가 온갖 동식물을 키우는 것과 그 궤(軌- 입장이나 경향)를 같이 하기 때문입니다.

3. ䷂ 수뢰준(水雷屯)

屯(준)은 어려울 준, 고난에 허덕일 준, 陳(진)을 치고 지킬 둔, 陳(진) 둔, 언덕 둔, 丘陵(구릉) 둔 字입니다.
상괘 水(수- 물), 하괘 雷(뢰- 우레)로 이루어진 수뢰준은 감위수, 수산건, 택수곤과 더불어 4대 難卦(난괘)의 하나로 하늘에서 꽈르릉! 치며
산천초목을 떨게 하는 우레가 물속에서 그 힘을 쓰지 못하고 있는 모습으로 볼 수 있습니다.

원문과 단전에 勿用有攸往(물용유유왕- 가야할 곳이 있어도 가지 말라), 磐桓利居貞(반환이거정- 머뭇거리며 결단을 내리지 못하고 있다. 자리를 지키며 곧아야 이롭다)
/ 강과 유가 처음 어울려 어려움이 생긴다. 험한 가운데 움직이는 것이다.
마음을 안정시켜 흔들리지 않아야(- 貞) 크게 형통하다. 우레와 비가 온 천지에 가득하다. 하늘이 태초(太初)의 혼돈의 세계를 창조한다
는 말이 있습니다. 사방이 험난하여 한 발자국도 전진하기 어려운 상황입니다.

또 다른 각도에서는, 추운 겨울(- 水)의 나무(- 雷)로 볼 수도 있습니다.
꽃이 피고 나비가 날아 앉는 봄이 오기까지는 아무래도 시간이 더 흘러야만 합니다. 어떤 분야의 일이든, 나아가기 보다는 내실을 다지고 실력을 기우며 또 다른 기회가 오기를 차분한 마음으로 기다리는 것이 좋습니다.

서운하지만, 야심과 포부를 실행에 옮길 때가 아직은 오지 않았습니다.

"이 여성과 결혼해도 되겠습니까?"

상대는 뭔가 어려운 문제에 처해있기 때문에 지금은 結婚(결혼)을 결정할 수 없을 것입니다.

"이 남성과 결혼해도 되겠습니까?"

지금 당장은 혼담을 추진하기 어려운 사정이 있는 사람입니다. 시간을 두고 지켜보는 것이 좋을 듯합니다.

4. ☶☵ 산수몽(山水蒙)

이 괘는 상괘는 山(산), 하괘는 水(물)로 이루어져 있습니다. 산 아래로 江(강)이 굽이치며 흐르고 있는 모습입니다. 겉으로 보기에는 경치가 좋으나,
蒙(몽)은 몽진(蒙塵- 먼지를 뒤집어 씀, 수치를 당함, 임금이 난리를 당하여 피난함), 몽매(蒙昧- 어리석고 어두움)의 글자로 쓰이며 **어두울 몽**, (위험을) 무릅쓸 몽, 속일 몽, 기만할 몽, 우매할 몽, 아이 몽 字입니다.
그냥 건너기에는 아무래도 주의하고 조심해야할 것들이 있어 보입니다.

내 아이가 급우들에게 좋지 않은 일을 당해 왔는데 전혀 느끼지 못하고 지내오다 뒤늦게 알게 된 것도 여기에 해당합니다. 부모로서 부끄러울 뿐입니다.

8괘의 水(수)에는 시름, 근심, 홀딱 빠짐, 피(血), 독(毒), 술, 사기, 도둑 등의 의미가 있으며,
단전에 山下有險 險而止蒙(산하유험 험이지몽- 산 아래 험한 것이 있다. 험하여 멈추는 것이 蒙몽이다) 이라는 말이 있습니다. 앞날의 일을 예측하기가 상당히 어려울 때 잘 나오는 괘입니다.

"이 여성과 결혼해도 되겠습니까?"

상대는 회답을 주지 못할 나름 사정이 있을 것입니다. 혼담은 이루어지기 어렵습니다. 그 전개방향이 확연(確然)하게 보이지 않습니다.

"이 남성과 결혼해도 되겠습니까?"

여러 면에서, 어린 아이(蒙)처럼 결혼을 할 수 있는 준비가 되어있지 않은 사람입니다.

5. ䷄ 수천수(水天需)

이 괘는 상괘는 水(수- 구름), 하괘는 天(천- 하늘)으로 구름이 하늘로 올라간 象(상)이며 需(수)는 기다릴 수, 머뭇거릴 수, 주저하는 일 수 字입니다.
비가 오기를 기다리고 있다면 아직은 오지 않을 것입니다. 하늘만 쳐다보고 이제나저제나 하는 것은 소용이 없습니다. 술이라도 한잔 하면서 기분을 이완시키며, 시간을 넉넉하게 늦춰 잡고 있는 것이 좋습니다.
일반의 일들도 마찬가지입니다. 당장 원하는 방향으로 쉽게 풀리지는 않을 것입니다.

어떤 계획을 세우는 과정에, 시장조사를 제대로 하지 않았거나 주위의 충고나 만류가 귀에 들어오지 않는 경우가 가끔 있습니다. 이때 나온 괘가 수천수라면,
이 사업은 벌이지 않아야 합니다. 단전에, 險在前也 剛健而不陷 其義不困窮矣(험재전야 강건이불함 기의불곤궁의- 험한 것이 앞에 있다. 강건하나 함정에 빠지지 않으니 그 뜻이 곤궁하지 않다) 라는 말이 있습니다.

특히 거래에 있어서는, 奸計(간계- 간사하고 교활한 꾀)를 가진 자들이 찾아오기도 합니다. 가까이 해서는 안 됩니다. 원문의, 초대하지 않은 세 명의 손님이 찾아온다. 조심하고 경계하여야 한다 는 말을 잊지 않아야 할 것입니다.

"이 여성과 결혼해도 되겠습니까?"

그녀는 무언가 피치 못할 사정으로 머뭇거리고(- 需) 있습니다. 나의 여자가 될 사람은 시작부터 뭔가 다를 것입니다.
상대로 인하여 심력을 소모하거나 생활의 리듬을 잃지 않았으면 합니다.

"이 남성과 결혼해도 되겠습니까?"

혼담을 머뭇거릴(- 需) 만한 사정이 있어 보입니다. 한걸음에 달려오지 않는 그를 마냥 기다릴 필요는 없습니다. 왠지 조급해지려는 마음을 누르고, 다음에 찾아올 더 좋은 기회를 생각하면서 지내기 바랍니다.

6. ䷅ 천수송(天水訟)

訟(송)은 다툴 송, 고소할 송, 訟事(송사) 송 字이며, 상괘는 天(천-하늘), 하괘는 水(수- 물)로 이루어져 있습니다. 어두운 하늘에서 비가 추적추적 내리고 있는 모습을 떠올릴 수 있습니다.

象傳(상전)에, 天與水違行 君子以作事謀始(천여수위행 군자이작사모시- 하늘과 물이 서로 어긋나게 움직이는 것이 송이다. 군자는 이로써 일을 할 때 처음을 잘 도모한다 / 違. 다를 위, 법이나 약속을 어길 위, 어그러질 위, 거리를 둘 위, 피할 위, 멀리할 위) 라는 말이 있습니다. 일반의 일은
사소한 것들을 제외하고는 생각대로 진행되는 것이 거의 없을 것입니다. 새로운 기획이나 시도는 그만 두어야 합니다.

이제까지의 혼담 역시 없었던 일로 하는 것이 좋습니다. 단순한 소개라고 할지라도 어떤 의미가 없습니다. 남녀 간 성격의 차이가 아주 클 것이며
따라서 사소한 것까지도 생각이 달라 갈등과 다툼의 원인이 될 것입니다.
두 사람은 악화일로(惡化一路- 상태, 관계 따위가 자꾸 나쁘게 되어감)를 걷다
결국에는 재판까지 가게 될 수도 있습니다. 싸움과 화해가 엎치락뒤치락 반복되면서도 어떻게든 이어지는 그런 관계가 아닙니다. 원문의,
有孚窒惕中吉 終凶(유부질척중길 종흉- 정성을 기울이나 막힌다. 두려워하여
중간에 그만두면 길하나, *무리하여* 끝을 내려면 흉하다) 이라는 말을

기억하여야 합니다.

남녀 모두, 상대와의 결혼을 권유하기 어렵습니다.

7. ䷆ 지수사(地水師)

師(사)는 군사 사, 벼슬아치 사, 관직 사, 전문 기예를 가진 사람 사, 본받을 사, 스승 사 字입니다.
원문에 師出以律(사출이율- 軍군이 출정할 때에는 군률이 엄정하여야 함)이라는 말이 있는데,
거래를 앞두고 이 괘가 나오면, 완벽한 계약서를 갖추어야 합니다.
혹, 不實(부실)하게 처리하고 진행시키면 큰 손해를 보게 될 것입니다.

BC 11세기 중국의 周(주)나라는 1개 사단의 병사가 2,500명 이었습니다.
왕은 전쟁에 승리하기 위해서 반드시 통솔의 기술과 병법에 능한 사람을 사단의 수장으로 앉혔을 것입니다. 따라서 사단장은 그 자리에 오르기까지
남다른 노력과 열정으로 역량을 키워온, 강단 있는 인물일 것으로 짐작할 수 있습니다.

이런 의미에서, 남녀 모두 일에 대한 열의와 의지를 가진 활동가로 볼 수 있으나 혼담에서는 조금 다른 시각으로 볼 필요가 있습니다.

"이 여성과 결혼해도 되겠습니까?"

가정보다는 일이나 사업이 적성에 맞고 재능이 있는 여성입니다. 그녀이
능력과 사교적인 활달함이 뭇 사내들의 시선을 끌고 마음을 크게

흔들 것입니다. 이 점이 마음에 걸립니다.

"이 남성과 결혼해도 되겠습니까?"

일에 열성적인 인물이나, 1개의 양(—)을 5개의 음(--)이 둘러싸고 있는 모양으로 보아
그의 사교술이 업무를 넘어서 많은 여자들의 마음을 사로잡을 것입니다. 절제와 균형이 필요한 때입니다. 주의 깊게 지켜보았으면 합니다.

.

8. ䷇ 수지비(水地比)

상전에 地上有水比 先王以建萬國親諸侯(지상유수비 선왕이건만국친제후- 땅 위에 물이 있는 것이 比비이다. 선왕은 이로써 만국을 세우고 제후와 친하였다)
라는 말이 있습니다.

比(비)는 친할 비, 따를 비, 同類(동류) 비, 비교할 비, 비례 비, 도울 비, 나란히 늘어설 비 字이며
그 말과 행동이 순수하고 정성스러워(- 有孚盈缶), 인간관계가 널리 조화로운 사람들에게 잘 나오는 괘입니다. 지나가는 길에, 좌판의 물건을 팔고 있는 젊은 사람들과 달리 종이 위에 채소를 놓고 앉아있는
초췌한 모습의 할머니에게 연민을 느끼며 우유와 빵을 사드리는 것도 比(비)의 일례입니다.

한편, 비(比)의 同類(동류- 같은 무리)라는 뜻으로 보아, 같은 분야의 일이나
교류를 통해 이미 자연스럽게 알고 지내오다(- 比) 결혼까지 생각하게 된 경우도 있을 수 있습니다.

"이 여성과 결혼해도 되겠습니까?"

좋은 여자입니다. 마다할 이유가 조금도 없습니다. 더 이상 다른 사람을 찾아볼 필요가 없습니다.

"이 남성과 결혼해도 되겠습니까?"

1개의 양(—)에 5개의 음(--) 이 포진하고 있다는 점에서, 따르는 여성이 많을 것이나, 比(비)의 긍정적인 의미로 보아, 山地剝(산지박-剝. 벗기다, 빼앗다, 찢다)
의 경우와는 다르게 여자관계가 복잡하지 않은 좋은 남자입니다.

끝으로, 비(比)의 분위기와 비교한다는 의미에서 남녀 모두 주위의 評(평)이 좋고 선택의 폭이 넓은 편이나, 지금의 상대를 놓치지 않았으면 합니다.

9. ䷈ 풍천소축(風天小畜)

단전에, 密雲不雨 尙往也(밀운불우상왕야- 구름이 잔뜩 몰려 있으나 비가 오지 않는다. 오히려 시간이 더 흘러야 한다) 라는 말이 있습니다.

시간이 조금 늦어지더라도 작은 일들은 웬만큼 마무리가 될 수 있으나,
중요한 사안들은 그렇지 않습니다. 진행에 차질이 생기면서 적지 않은 손해를 볼 수도 있습니다.
상전의 風行天上小畜 君子以懿文德(풍행천상소축 군자이의문덕- 바람이 하늘 위로 부는 것이 소축이다. 군자는 이로써 학문의 덕을 아름답게 한다)
이라는 말은, 가슴에 품은 포부를 뒤로 미루고 인격과 실력을 쌓으면서 때가 오기를 기다린다는 의미입니다.

남녀 간의 일 또한 그리 순조롭게 풀리지는 않을 것으로 보입니다.
결혼이 곧 이루어질 듯하나(- 密雲), 몇 가지 난관에 가로막히게 됩니다.
원문의 부처반목(夫妻反目- 부부가 반목한다) 이라는 말이 마음에 걸립니다.

서두르지 말고 그동안 겪어온 일들을 여러 면으로 생각해 볼 필요가 있을 것입니다.
부부가 되는 것은 대사(大事)입니다. 그 시작과 과정이 이렇다 할 어려움 없이 부드러워야만 할 것입니다.

남녀 모두 혼담을 적극적으로 권유하기 어렵습니다. 그러나 나름대

로의 경험으로

'사람이 다 거기서 거기지, 상대가 나를 좋아하면 됐지 뭐, 사는 형편도 여유가 좀 있어(- 小畜) 보이고. 어디 가서 이런 사람을 또 만나겠어?'

라는 마음이라면 눈 딱 감고 결혼할 날이 오기를 기다려볼 만은 합니다.

10. ䷉ 천택리(天澤履)

履(리)는 신발 리, 밟을 리, 실제로 가서 조사할 리, 걸을 리, 이행할 리, 이력 리, 자리에 나아갈 리 字이며,
학회나 성명서 또는 공문서에 이름이 등재되는 것도 履(리)에 해당합니다.
원문에 履虎尾(이호미- 호랑이 꼬리를 밟는다) 라는 말이 있습니다. 이 괘가 나오면 뭔가 위험한 일이 있다는 것을 바로 감지해야 합니다.
그동안 걸어온 길을 돌아보며 자세히 생각해 보면(- 視履考祥) 그 원인을 어렵지 않게 찾을 수 있을 것입니다.

혼담에 있어서는, 象傳(상전)의 위와 아래를 분명하게 밝힌다는 말과 같이,
이 만남이 사회적인 통례나 법적으로 이상은 없는지 실제로 조사해 보아야(- 履) 합니다.

나의 이름이 호적의 배우자 란에 오를 수 있는지를 분명히 짚고 넘어가야 할 것입니다. 이미 수많은 이야기가 진행되어 왔을지라도, 본분을 지키기 위해 멈추어서는 것은(- 素履) 결코 허물이 되지 않습니다.

남녀 모두, 좋은 혼담이라고 하기는 어렵습니다.

한편, 이 괘는 딸(- 澤)이 아버지(- 天)를 뒤따르는 象(상)입니다. 남자의 경우,

상대가 아버지의 뜻을 거스르지 않는 여성이라는 점을 염두에 두었으면 합니다.

그 외에 天(천)이 나이 많은 남자, 澤(택)이 젊은 여자라는 의미에서 나이 차이가 꽤 많이 나는 남녀도 있을 것입니다.

11. ䷊ 지천태(地天泰)

泰(태)는 클 태, 넉넉할 태, 태평(泰平- 몸이나 마음이나 집안이 평안함) 태, 태연(泰然) 태, 너그러울 태 字입니다.

상괘 3개의 음(-- / 地)은 그 성질이 무겁기 때문에 밑으로 내려오고,
하괘 3개의 양(— / 天)은 가벼워서 위로 올라가게 되는데, 이는 하늘과 땅이 각기 있어야 할 자기 자리를 찾아가는 것입니다. 단전에, 하늘과 땅이 어울려
만물이 서로 통하고, 위와 아래가 어울려 그 뜻이 하나로 같아진다는 말이 있습니다. 누구나 원하는 괘(卦)입니다.

스포츠 동호회의 고수가 하수들과 운동을 하면서, 친분이 있든 없든 한쪽으로 치우치지 않고 고급의 기술을 가르쳐주는 것도 泰(태)의 일례입니다.
향후 이 사람의 실력은 지금과는 차원이 다른 더 높은 경지에까지 진입하게 될 것입니다.

남녀 관계는 매우 부드럽고 다정하며 더없이 조화로운 관계가 만들어질 것입니다.

"이 여성과 결혼해도 되겠습니까?"

살림을 잘해낼 수 있는 침착한(- 泰) 성품의 여성입니다. 행복한 가정을 만들 것입니다.

"이 남성과 결혼해도 되겠습니까?"

마음이 넓고 근면하며 자기 분야에서 남에게 뒤지지 않는 직위나 능력을 가진 사람입니다. 아주 좋은 혼담입니다.

12. ䷋ 천지비(天地否)

否(비)는 (운수가) 막힐 비, 좋지 않을 비, 나쁜 것 비, 악할 비, 아닐 부, 거부할 부, 부인할 부 字입니다.

천지비는 하늘과 땅이 이미 자기 자리를 찾은 까닭으로, 태(泰) 괘와는 다르게
3개의 양(— /天)과 3개의 음(-- / 地)이 거리를 두고 있는 괘입니다.

단전에, 하늘과 땅이 어울리지 않아 만물이 통하지 않고, 위와 아래가 어울리지 않아 천하에 나라가 없는 것이다 라는 말이 있습니다. 나의 뜻이
남들과 잘 통하지 않고 일은 생각대로 진행되지 않을 것입니다. 방법을 찾으려고 애는 쓰지만 별 효과가 없습니다. 한 집에서 뒷바라지 해주었던 시동생이
고시를 패스하고 난 후 은혜를 저버리는 언행을 보이는 것도 否(비)의 일례입니다. 당분간은 꽉 막힌 추세가 이어질 것으로 보입니다. 이제,
소모적인 구상은 접고 원만한 대인 관계를 지향하면서, 업무개선과 함께
각종 비용을 과감하게 절감하는 긴축 체제로 전환하여야만 할 때입니다.

혼담은 남녀 모두, 상대와의 사고방식이 달라서 교감이 이루어지지 않을 것입니다. 권유하기 어렵습니다.

그러나 하늘과 땅이 만나지 않고 있는 것처럼, 남녀 간 첫 만남이 이루어지지 않은 상태에서 낸 괘라면, 한번 만나 본 후 향후의 추이를 지켜볼 일입니다.

한편, 음과 양이 서로 거리를 두고 있다는 점에서 스킨십(skinship)이 없는 남녀에게 곧잘 나오는 괘이기도 합니다.

13. ䷌ 천화동인(天火同人)

同(동)은 동업(同業)의 동 字이며, 동인(同人)은 뜻을 같이 하는 사람, 동문의 의미를 갖고 있습니다.

원문에 동인우야(同人于野- 뜻을 함께하는 사람들이 들에 모인다) 라는 말이 있습니다.
따라서 이 괘(卦)는 남과 힘을 모아 공동사업을 하는 데에 특히 좋은 의미를 갖고 있습니다.

학문적으로 유파(流派- 학계나 예술계에서 견해가 비슷한 이들의 무리)가 다른 사람들이,
이미 떠나신 「대석학」의 추모식에 함께 자리하여 한 마음으로 기리는 것도 이에 해당합니다.

남녀 모두 총명하고 발이 넓으며 독립심과 업무 수행능력이 있는 인물들입니다.

火(화)는 미인, 여자라는 의미를 갖고 있습니다. 1개의 음(--)을 5개의 양(─)이 둘러싸고 있는 점에서, 여성은 남성들로부터 인기가 상당할 것입니다.

또한 명망이 있는 사람(- 天)을 따르는 미인(- 火)이라는 해석도 가능합니다.
따라서 눈이 높습니다. 남자도 여자들의 관심과 호감을 끄는 스타일입니다.

"이 여성과 결혼해도 되겠습니까?"

똑똑하고 외향적이며 미인입니다. 집에서 살림만 하는 여자이기를 기대하지 않았으면 합니다. 직업을 가지면 좋을 것입니다.

"이 남성과 결혼해도 되겠습니까?"

추진력과 카리스마를 가진 남성이나, 아내를 편안하게 해주는 면이 다소 부족한 사람일 수 있습니다. 좀 더 시간을 두고 지켜보았으면 합니다.

그러나 다각도로 깊이 생각해 본 결과, 그의 이런 면모를 더없는 사랑으로 수용하고 충분히 이해할 수 있다면 별개의 이야기가 될 수도 있습니다.

14. ䷍ 화천대유(火天大有)

이 괘는 해(- 火)가 하늘(- 天) 높이 떠있는 모습으로 大有(대유)는 많은 것을 가진다 는 의미입니다.

일반의 거래나 사업은 모두 순조롭게 흘러갈 것입니다. 한 가지 신경 쓸 일이 있다면
火(화)에는 여자, 미인 외에 눈(- 眼)의 의미가 있다는 점에서, 눈에 관련된 질병을 주의하여야 합니다.

한 개의 음(-- 柔)을 다섯 개의 양(一)이 에워싸고 있고, 원문과 단전에
大有元亨(대유원형- 대유는 크게 형통하다) / 柔得尊位(유득존위- 柔유가 존귀한 자리를 얻는 것이다. 柔- 女, 5효) 라는 말이 있습니다. 그 외,
명성과 덕이 있는 남성(- 天)이 아름다운 여인(- 火)을 따른다는 해석도 가능합니다.

"이 여성과 결혼해도 되겠습니까?"

많은 것을 가진다는 뜻의 대유(大有)에 더하여 火(화)는 불 이외에 미려(美麗), 지혜, 미인이라는 의미도 갖고 있습니다. 상대는 경제적으로 여유가 있으며,
뭇 남성들이 앞을 다투어 사랑을 고백하고 있는 고운 자태와 미모의 才媛(재원- 재주가 있는 여자) 입니다. 부족한 것이 거의 없습니다.

있다고 한다면 자기가 폭 빠질 수 있는 남자를 아직 찾지 못한 것 뿐입니다.

원문에, 无交害(무교해- 해로운 것과 교류하지 않는다) 라는 말이 있습니다.
그럴듯한 말이나 선물은 그녀에게 별 의미가 없습니다. 연꽃에 맺힌 이슬 같은 순수한 사랑과
기백으로 다가서는 것만이 이 여인의 마음을 움직일 수 있을 것입니다.

"이 남성과 결혼해도 되겠습니까?"

火(화)에는 태양, 불, 번개, 눈(- 眼) 외에 슬기, 사교적인 사람이라는 의미도 있습니다.

자기의 생각과 남의 의견을 조율할 줄 아는 품위와 지혜 그리고 실력을 갖춘 온화한 신사입니다.

15. ䷎ 지산겸(地山謙)

謙(겸)은 겸손할 겸, 몸을 낮출 겸, 남에게 양보할 겸 字입니다. 단전에
謙尊而光卑而不可踰 君子之終也(겸존이광비이불가유 군자지종야-
謙은 남을 높이나 내가 빛이 나고 나를 낮추나 남이 넘어설 수 없는 것이니,
바로 군자가 도달해야할 修身수신의 최후 목적지이다) 라는 말이 있습니다.
그 사람의 말과 행동은 선과 악을 가늠하는 기준이며 영광과 치욕의 척도가 되기도 합니다.

교만한 자는 누구나 외면하지만 겸손한 이에게는 모두가 손을 내어 줍니다.

"이 여성과 결혼해도 되겠습니까?"

남들 앞에 나서기를 좋아하지 않으며, 더없이 고운 심성을 가진 온화한 여인입니다. 낭군을 받드는 내조의 功(공)이 클 것입니다.

"이 남성과 결혼해도 되겠습니까?"

산(- 山)은 원래 땅(- 地) 위에 솟아있어야 자기의 가치를 제대로 표현한 것으로 보는데,
이 괘는 산이 땅 아래에 있어 산다운 모습을 보이고 있지 않고 있

습니다. 지금은 물질적으로 다소 부족한 처지에 있을 것이나, 상전에
謙謙君子 卑而自牧也(겸겸군자 비이자목야- 겸손하고 또 겸손한 군자이다. 자기를 낮춤으로써 스스로 기른다),
勞謙君子 萬民服也(노겸군자 만민복야- 겸손하고자 노력하는 군자이다. 만민이 복종한다) 라는 말이 있듯이

타인에게 예를 갖추어 몸을 낮추고 양보할 줄 아는 소박하고 진실한
남성입니다. 주위 사람들의 評(평)이 좋습니다. 이 점이 향후 그가 설 자리를 주고 활로를 크게 열어줄 것입니다. 좋은 혼담(婚談)입니다.

16. ䷏ 뇌지예(雷地豫)

이 괘는 상괘 雷(뢰) 하괘 地(지)로 이루어져 있으며, 雷(뢰)는 우레 뢰, 북(drum)을 칠 뢰
/ 豫(예)는 놀 예, 즐길 예, 기뻐할 예, 미리 대비할 예 字입니다. 봄, 활기, 악기, 동쪽, 소리, 신속, 발, 말(- 馬), 움직임, 분주, 격정의 의미를 가지고 있는
우레(- 雷)가 추운 겨울의 「지뢰복」과는 다르게 땅 위를 구르고 있습니다. 부릉 부르릉- 하고 오토바이에 시동이 걸린 모습이 연상됩니다.

그간 원하는 대로 풀리지 않았던 일들이 이제 활기를 찾게 될 것입니다.
원문의 利建侯行師(이건후행사- 제후를 세우고 군대를 움직이면 이롭다)라는 말과 같이, 제후와 같은 힘 있는 인물의 도움을 받게 될 것입니다. 화지진의 경우와 어느 정도는 비슷하다고 할 수 있겠습니다.

상전에,

雷出地奮豫 先王以作樂崇德 殷薦之上帝以配祖考(뇌출지분예 선왕이 작악숭덕 은천지상제이배조고-
우레가 땅 위로 나와 떨쳐 움직이는 것이 豫예이다. 선왕은 이로써 음악을 만들어 덕을 숭상하고, 상제와 조상의 제를 합사한 자리에 성대하게 올렸다)
라는 말이 있습니다.

"이 여성과 결혼해도 좋겠습니까?"

밝고 활달하며, 음악(音樂- 樂. 풍류 악, 즐거울 락) 이 만들어 내는 무드를 즐기는 여자입니다.
좋은 사람이지만, 저마다 선택의 기준과 이해의 정도가 각기 다르므로
어느 정도는 살펴봐야할 것입니다. 원문에, 冥豫 成有渝无咎(명예성유투무구-
즐기는 데에 눈이 어둡다. 태도의 변화가 이루어지면 허물이 없다) 라는 말이 있습니다.

"이 남성과 결혼해도 좋겠습니까?"

하는 일없이 놀기만 좋아하는 사람이 아닙니다. 원문에, 붕합잠(朋盍簪- 벗들이 모여든다) 이라는 말이 있습니다.

친구도 많고 일도 바쁘며 활기와 무드가 있는 멋있는 남자입니다. 아주 좋은 혼담입니다.

17. ䷐ 택뢰수(澤雷隨)

隨(수)는 뒤따를 수, 붙어 다닐 수 字이며 그 용례로 수행, 수반(隨伴- 함께 감), 수필(隨筆- 붓 가는 대로 생각나는 대로 쓰는 글) 등이 있습니다.

군웅할거의 시대에, 큰 포부와 재주를 지녔으나 아직 분기(奮起- 떨쳐 일어남) 할 때가 아님을 알고 잠시 남의 밑에 들어가 그를 따르는 것도 隨(수)의 일례입니다. 단전에, 강(剛)이 유(柔)의 아래에서 움직이며 기뻐하는 것이 隨(수)이다. 크게 형통하다 는 말이 있습니다.

상괘 澤(택)은 소녀, 젊은 여자 / 하괘 雷(뢰)는 장남, 형의 의미를 갖고 있습니다.
따라서 나이 많은 남자(- 雷)가 어린 여자(- 澤)를 뒤따르는 象상
또는
이와 반대로 어린 여자(- 澤)가 나이 많은 남자(- 雷)를 리드하는 모양으로 볼 수 있습니다. 연령차가 나는 남녀에게 곧잘 나오는 괘입니다.

두 사람이 서로 일편단심으로 사랑하고 있다면, 나이 차이는 전혀 문제가 되지 않습니다.

"이 여성과 결혼해도 되겠습니까?"

체력적으로 문제가 없다고 자신한다면 좋습니다. 괜찮은 혼담입니

다.
그러나 어린 그녀를 더없이 아끼는 마음과 행동의 결과가 자칫 부부불평등으로 이어질 수도 있다는 점을 염두에 두었으면 합니다. 온 마음으로
사랑하지만 사회 일반의 기준에서 크게 벗어나지 않도록 그 균형을 잡아야 할 것입니다.

"이 남성과 결혼해도 되겠습니까?"

나이는 숫자일 뿐입니다. 젊은 남자들에게 없는, 그의 관록이 매력적입니다.
그리고 경제력과 사랑 또한 조화로울 것입니다. 그러나 어리다는 이유로
일반의 통념을 넘어서는 요구나 행위는 가급적 하지 않는 것이 좋습니다.

원문에, 孚于嘉吉(부우가길- 아름다운 모습을 갖추는 데에 정성을 기울이면 길하다) 이라는 말이 있습니다. 매사 자연스러운 것이 좋습니다.

18. ䷑ 산풍고(山風蠱)

蠱(고)는 산이 바람을 막고 있는 象상입니다. 蠱(고)는 벌레(虫) 3마리(- 蟲)가 접시(- 皿)에 있는 모양으로
뱃속벌레 고, 곡식벌레 고, 남을 헤치는 데 쓰는 벌레 고, 해를 끼칠 고,
고독(蠱毒- 뱀, 지네, 두꺼비 따위의 독 / 복통, 가슴앓이, 吐血토혈, 下血하혈 및 얼굴이 푸르락누르락하는 증세 등을 일으킴) 고, 미혹 고, 고혹(蠱惑- 남의 마음을 미혹하게 함) 고 字입니다.

바람이 통하지 않으면 답답합니다. 집도 방문과 창문을 전부 열어놓아야
환기가 잘 되듯이, 사람들 사이의 일도 탁 트인 교감과 원활한 소통이 그 무엇보다 중요할 것입니다.

작은 일로는 이미 대청소를 했어야 하는 상황에 곧잘 나오는 괘인데,
이와 같은 蠱(고)의 이미지를 생각하면서 모든 분야- 주위의 인간관계, 일반적인 모임이나 조직, 기업 등- 를 이제까지와는 다른, 새로운 시각으로 보아야 합니다.

길게 생각해 볼 여유가 없습니다. 현실을 직시하여야 합니다. 이미 적기를
놓쳤기 때문에, 보다 긍정적인 변화가 오기까지는 꽤 오랜 시간이 걸릴 것이나
더 늦기 전에 지금 바로 근본적인 쇄신(刷新)을 결단하고 실행에 옮겨야만 합니다.

"이 여성과 결혼해도 되겠습니까?"

너무 고혹적인 여자입니다. 남자들에게 인기가 많습니다. 그녀는 주변의 정리가 어느 정도 필요해 보입니다.

"이 남성과 결혼해도 되겠습니까?"

매력적인 분위기의 남자입니다. 그러나 그의 처지가 왠지 이런저런 일로 복잡해 보입니다.

19. ䷒ 지택림(地澤臨)

臨(림)은 군주가 신하를 대할 림, 높은 곳에서 내려다 볼 림, 다스릴 림, 나아갈 림, 마주 대할 림, 출정할 림, 전차(戰車) 림 字이며 그 용례로는
임박(臨迫- 어떤 시기가 가까이 닥쳐옴), 임기응변, 임시변통, 임계점,
임전(臨戰- 전장에 나아감),
임지(臨地- 그 곳에 실제로 감), 임상(臨床- 병상에 임함) 등이 있습니다.

특정 시간을 두고 바삐 움직이는 현장의 느낌을 주고 있는데, 단전에
림은 剛(강)이 점차 자라나는 것이다. 기뻐하며 순리를 따른다는 말이 있습니다. 뭔가 좋은 방향으로의 새로운 변화를 기대하게 됩니다.

혼담은 상전(象傳)의, 군자는 백성을 가르치려는 생각이 끝이 없으며
그들을 포용하고 도우려 함이 한이 없다 는 말과 같이, 남녀 모두 의협심이 있어서
도움이 필요한 이를 보면 손을 내밀어 쾌히 이끌어주는 따뜻하고 情(정)이 깊은 사람입니다.

"이 여성과 결혼해도 되겠습니까?"

地(지)에는 어머니, 澤(택)은 딸의 의미가 갖는데 괘를 살 보면, 어

린 딸이 어머니의 손을 잡고 따라가는 象상입니다. 상대는 어머니의 뜻을 거스르지 않는 사람입니다. 이 점을 염두에 두고 교감(交感-원문의 咸臨)하면 좋을 것 같습니다. 활달하고 적극적인 좋은 여자입니다.

"이 남성과 결혼해도 되겠습니까?"

양(—)이 전진하며 음기(陰氣 --)를 밀어내는 象상이라는 것과 위에 열거한
臨(림)의 분위기로 보아 능동적이고 진취적인 성품을 지녔으나, 그만큼

약간은 성급한 면도 있을 것 같습니다. 처음부터, 모든 것이 만족스러운 혼담은 거의 없을 것입니다. 일반적인 판단 기준에서 한 발 떨어져
그의 의기와 근면성 그리고 앞날의 비전에 좀 더 무게를 두었으면 합니다.

20. ䷓ 풍지관(風地觀)

觀은 사물을 주의하여 볼 관, 경치를 볼 관, 추이를 관망할 관, 밝힐 관, 엿볼 관 字이며 그 용례로는 관찰(觀察), 관념, 관조(觀照) 관망, 관측(觀測) 관법(觀法) 관상(觀相) 관심(觀心) 주관(主觀)이 있습니다.
전부 정신이나 마음에 관련되어 있으며 물질적인 것과는 거리가 있다는 의미에서, 利(이)에 관련된 일은 그다지 기대할 것이 없습니다. 그리고
이 괘는 바람이 지상(地上)의 모든 것들을 하나도 빠뜨리지 않고 어루만지며 지나가는 象(상)입니다. 관이라는 이름이 아주 잘 어울립니다.

원문에 觀國之光(관국지광- 나라의 문화를 살펴본다)이라는 말이 있는데, 관광은 여기에서 나온 단어입니다.

일반의 운세에서는 관 괘를 받으면 유의할 점이 있는데, 원문에 闚觀(규관- 나를 엿본다)이라는 말이 있다는 것입니다. 나를 지켜보고 있는 누군가가 있다는 것을 잊지 말고 신중하게 움직여야 합니다. 혹여
법에 저촉(抵觸)되는 위반 사례가 없었는지, 그간의 행실이나 당면 과제

또는
해결되지 않은 사안과 관련된 사항들을 전체적으로 차분하게 살펴 보아야 할 것입니다.

"이 여성과 결혼해도 되겠습니까?"
관찰력과 뚜렷한 주관(主觀)을 가진 지성적인 여자입니다. 좋은 사람입니다.

"이 남성과 결혼해도 되겠습니까?"

관념적이고 주관이 매우 강한 남자입니다. 말이 통하지 않는 어려움이 있을 수 있습니다. 이 점을 익히 알고 있고 이해할 수만 있다면 혼담을 진행하여도 좋습니다.

단전에, 聖人以神道設敎而天下服矣(성인이신도설교이천하복의- 성인이 神신의 道도로 가르침을 베푸니 천하가 복종한다) 라는 말이 있습니다.
상대가 남을 가르치고 이끄는 종교계의 인물이나 교사(敎師) 또는 학자라면 좋은 혼담입니다.

21. ䷔ 화뢰서합(火雷噬嗑)

噬(서)는 이빨로 물 서, 깨물 서 / 嗑(합)은 (윗니 아랫니가 맞닿도록) 입 다물 합 字이며 서합(噬嗑)은 물어뜯는다는 뜻입니다.

단전과 원문에 頤中有物曰噬嗑 噬嗑而亨(이중유물왈서합 서합이형- 입 안에 음식물이 있는 것을 서합이라 한다. 씹으면 형통하다) / 噬膚(서부- 돼지고기를 뜯어 먹다), 噬腊肉(서석육- 여러 조각으로 얇게 잘라서 말린 고기를 물어뜯다), 噬乾肉(서건육- 말린 고기) 이라는 말이 있습니다.

우리가 일을 하는 것은 의식주(衣食住)의 해결을 위해서인데, 이 괘는
6개의 爻(효) 중 4개가 먹는 것을 언급하고 있습니다. 덫을 놓거나 구덩이를 팠거나 어떤 방법으로든 먹고 사는 문제를 해결한 모습입니다.

噬嗑(서합)은 남녀 불문하고 삶의 의지와 생활력이 있는 이들에게 잘 나오는 괘인데,
사냥을 하고 먹을 때까지의 과정에 남녀의 유기적인 역할 분담이 있었을 것이라는 점에서, 두 사람이 힘을 모아 열심히 살아가는 **부부에게는 밝은 미래를 예고합니다.** 단전의 雷電合而章(뇌전합이장- 우레와 번개가 합하여 밝다) 이라는 말은, 부부에게 꼭 어울리는 문장입니다.

번개(火- 여자)와 우레(雷- 남자)는 번쩍- 꽈르릉! 하고 싸우면서도 밤하늘을 환하게 밝혀줍니다. 가끔은 다투기도 하지만, 얼마 지나지

앉아 마주보며 울고, 웃고, 대화하고 다음 날에는 또 아침부터 저녁까지 땀 흘리며 같이 일합니다.
그들의 情(정)은 스스로 못 느끼고 있을 뿐 점점 더 깊어만 갈 것입니다.
음양이 감응하고 변화해 나아가는 조화의 극치를 보여주고 있습니다.
아름다운 모습입니다.
아무리 이별이 자유로운 현대일지라도, 몸과 마음이 하나가 되어 살아온 부부가 일시적인 갈등과 충돌을 파국으로까지 몰고 가지는 않을 것입니다.

한편, 나머지 2개의 爻(효)에 履校滅趾(구교멸지- 차꼬를 신겨 발을 滅멸한다), 何校滅耳(하교멸이- 목에 칼을 메어 귀를 다친다) 라는 말이 있는데,
어떤 싸움의 전조(前兆- 미리 나타나는 조짐)와 그에 따른 강한 충돌이 느껴집니다.
미혼 남녀의 경우, 혼례를 올리고 사는 부부와는 공감대가 많이 다릅니다.
수십 년을 함께 살아온 부모형제도 뜻이 맞지 않아 언성을 높일 때가 있는데,
잠시라도 못 보면 일이 손에 잡히지 않을 정도의 심정이어야 할 두 사람에게
어떤 이유로든 갈등과 싸움이 생긴다면, 그 원인이 근본적으로 해결되지 않는 한,
원만한 관계의 부부가 되기에는 뭔가 석연치 않은 점이 있어 보입니다.
출발은 나무랄 데가 없었으나 끝이 좋지 않은 경우도 있습니다. **남**

녀 모두 상대와의 결혼을 권유하기 어렵습니다. 앞으로 겪게 될 일들을 감내하기가 쉽지는 않을 것으로 보입니다.

단, 이런 저런 이유로 상대를 도저히 포기할 수 없다면 그 어떤 상황에서도 흔들리지 않겠다는 다짐과 결심을 하고 난 후에 혼담을 진행하여야 할 것입니다.

22. ䷕ 산화비(山火賁)

賁(비)는 꾸밀 **비**, 장식할 비, 전쟁에 질 분, 모양이 클 분 字입니다. 이 괘는 상괘가 山(- 산) 하괘가 火(- 해)로 이루어져있는데, 해(- 火)가 뉘엿뉘엿 西山(서산- 해지는 쪽의 산)으로 기우는 象(상)입니다.
하늘에 퍼진 붉은 노을은 황홀할 정도로 아름다우나, 그 시간이 너무나 짧습니다. 곧 어두운 밤이 찾아올 것입니다. 흔히 이야기하는 西山落日(서산낙일- 서산에 지는 해)은
힘이나 형세가 기울어져 어쩔 수 없이 멸망하게 되는 형국을 뜻합니다.
단전과 원문에, 文明而止人文也(문명이지인문야- 밝게 꾸미되 *어느 정도 선에서 만족할 줄 아는 것이 인간의 아름다운 모습이다*) / 白賁无咎(백비무구- 꾸미지 않으면 허물이 없다) 라는 말이 있습니다.

일반의 거래에서는, 너무 좋은 내용들 때문에 자칫 방심하는 수가 있습니다.
계약 조항을 엄밀하게 살펴보고 만약의 경우를 대비하여 단서를 달아놓는 것도 잊지 않아야 할 것입니다.

"이 여성과 결혼해도 되겠습니까?"

賁(비)는 화려하게 꾸미는 걸 좋아해서 자기의 입장이나 처지를 잘 알고 있으면서도 우선 쓰고 보는 성격의 인물들에게 곧잘 나오는 괘입니다.
그러나 그녀의 매력을 도저히 외면하기 힘들고 또 그런 스타일을

감당해 낼 수 있다고 자신한다면, 시간을 두고 천천히 생각해 볼 일입니다.

"이 남성과 결혼해도 되겠습니까?"

위와 거의 같은 시각으로 보면 될 것입니다. 하지만 상대가 내 취향에 더 없이 꼭 들어맞는 인물이며 그의 씀씀이를 얼마든지 견디어 내고 받아들일 각오가 되어 있다면 한번쯤 고려해볼 수도 있겠습니다.

단, 賁(비)는 인간의 감성과 지혜로 꾸미는 것이기 때문에 상대 남녀가 **문화**, **예술** 방면의 사람이라면 좋은 혼담입니다.

23. ䷖ 산지박(山地剝)

이 괘는 상괘는 山(- 산) 하괘는 地(- 땅)로 이루어져있습니다. 산이 무너져 내려 땅에 납작하게 붙어있는 象(상)으로, 剝(박)은 벗김을 당할 박, 옷을 벗길 박, 껍질을 벗길 박, 깎을 박, 찢을 박, 떨어뜨릴 박 字이며,
그 용례로는 박탈(剝奪), 박피(剝皮- 껍질을 벗김), 박제(剝製) 등이 있습니다. 뜻이 전부 좋지 않습니다. 산이 하늘높이 솟아있는 山天大畜(산천대축) 괘와는 그 분위기가 사뭇 다르게 느껴집니다. 혹시 내게 해를 끼칠 인물이 가까이 와있지 않나 경계하여야 할 것입니다.
그리고 조금 다른 각도에서 보면, 양(—)의 속이 모두 다 음(--)으로 가득 차 있습니다.

겉으로는 좋아 보이나 내실이 전혀 없다는 것을 알 수 있습니다. 지금 생각하고 있는 상대와 그 주변 인물들의 말을 액면 그대로 믿지 않았으면 합니다.

단전에, 不利有攸往 小人長也 順而止之觀象也(불리유유왕 소인장야 순이지지관상야- 가야할 곳이 있으면 이롭지 않다. 小人소인이 전진한다. 순리를 따라 멈추는 것이 象상을 제대로 주의 깊게 본 것이다) 라는 말이 있습니다.

"이 여성과 결혼해도 되겠습니까?"

강한 음(-- 5개)이 양(—) 하나를 덮쳐가는 모양으로 봤을 때 체력

이 아주 강한 여자입니다. 잠깐이라면 모를까 장기적으로는 버티기 힘들 것입니다.

"이 남성과 결혼해도 되겠습니까?"

1개의 양(—)을 5개의 음(--)이 쫓고 있습니다. 남자 하나에 여자들이 줄줄이 따라붙고 있는 모양입니다. 상대는 아직, 사랑의 가치와 의미를 알지 못하거나 관심이 없습니다. 단지 육체적 쾌락만을 갈구할 뿐입니다.

24. ☷☳ 지뢰복(地雷復)

復(복)은 往復(왕복- 갔다가 돌아옴) 복, 돌아갈 복, 반복할 복, 復古(복고) 복, 회복(回復, 恢復) 복, 다시 부 字입니다.
이 卦(괘)는 위 5개의 爻(효)가 전부 음(--)이고 아래의 1爻 만이 양(—)입니다.

음(--)으로 가득한 땅(- 地) 속에 따뜻한 양기 하나가 처음으로 생긴 모양이며 이는 24절기의 동지에 해당합니다. 동지가 되면, 溫氣(온기- 따뜻한 기운)의 태동을 느낀 까치가 바쁘게 움직이며 둥지를 틀지만,
우리들에게는 그저 춥기만 할 때입니다. 신규 사업은 추진하지 않아야 합니다.

초혼은, 왕복(往復- 갔다가 돌아옴)한다는 의미에서 좋지 않습니다.
원문에,
不遠復 无祇悔 元吉(불원복 무지회 원길- 멀리 가지 않고 돌아온다. 후회하게 되지 않을 것이다. 크게 길하다) 라는 말이 있습니다.

"이 여성과 결혼해도 되겠습니까?"

그녀는 추위가 자취를 감추는 날을 기다리고 있을지도 모릅니다. 움직임이 그다지 없습니다. 지금 당장 밀어붙여서 될 일이 아닙니다. 아쉬운 듯 달려들지 말고 긴 시간을 두고 상대를 충분히 알아갔으면 합니다.

"이 남성과 결혼해도 되겠습니까?"

상대는 왠지 결혼에 대해 미온적입니다. 그 이유가 어디에 있든 상관없습니다.
이쪽에서 먼저 조급해 하거나 서두르지 말고 여러 각도로 살펴보았으면 합니다.

한편,
재혼의 경우에는 반복의 復(복)으로 봐야 합니다. 쓰라린 실패의 경험으로 완숙(完熟- 완전히 성숙함) 해진 탓인지 행복한 생활을 하게 될 것입니다.

25. ☰☳ 천뢰무망(天雷无妄)

부화뇌동(附和雷同- 주관이 없이 남의 의견을 맹목적으로 좇아 함께 어울림)
의 雷動(뇌동)은 천둥소리가 나면 만물이 동시에 이에 응한다는 뜻입니다.

이 괘는 雷天大壯(뇌천대장)과 달리 우레가 하늘 아래에 있습니다. 상전에,
하늘 아래에서 우레가 움직이니 만물이 더불어 妄動(망동)하지 않는다.
선왕은 이로써 작위(作爲- 적극적인 행위)없이 천시(天時)에 맞추어 만물을 기르려 힘쓴다
는 말이 있습니다. 妄(망)은 경거망동의 「망」과 같은 뜻으로, 无妄(무망)은 함부로 움직이지 말고 무위(無爲- 자연 그대로 두어 인위를 가하지 않음)의 마음을 가지라는 뜻입니다. 어떤 일이든 욕심을 내서 조급하게 서두르면 도리어 꼬여버리거나 아예 망쳐버릴 수도 있습니다.

결혼도 마찬가지입니다. 농부가 해와 달과 사시(四時- 춘하추동)를 따르듯,
진솔한 마음으로 만나가다 보면 어느 틈엔가 순조로운 결과를 맞이하게 될 것입니다.

"이 여성과 결혼해도 되겠습니까?"

들꽃과도 같은 자연스러운 성품의 여자입니다. 남자들이 그냥 지나칠 리 만무합니다.
우선 나의 신경질적인 면부터 바꾸고자 노력해야 합니다. 무위의 순수한 마음을 가져야만 그녀와 함께할 수 있을 것입니다. 좋은 사람입니다.

"이 남성과 결혼해도 되겠습니까?"

雷(뢰)는 장남, 형, 왕, 군자 외에 신경질적인 사람이라는 의미도 가지고 있습니다.
신경이 조금 예민한 편이나 좋은 남자입니다. 상괘가 天(천- 아버지),
하괘가 뢰(雷- 장남, 형, 아들)로 이루어진 것으로 보아, 아버지의 뜻을 따르는 아들의 모습이 보이는데,
이 점을 큰 이견(異見- 서로 다른 의견) 없이 받아들이면 좋을 것입니다.

나의 생각이나 주장을 억지로 권하거나 서두르지만 않으면 이 혼담은 어려움 없이 진행될 것입니다.

26. ䷙ 산천대축(山天大畜)

이 괘는 상괘는 산(山), 하괘는 하늘(天)로 이루어져 있습니다. 상전에
天在山中大畜 君子以多識前言往行 以畜其德(천재산중대축 군자이다식전언왕행 이축기덕- 하늘이 산 속에 있는 것이 대축이다. 군자는 이로써
자기가 전에 했던 말과 과거의 행동을 돌이켜보고 많은 것들을 깨달아 가며 그 덕을 쌓아간다) 라는 말이 있습니다. 하늘을 품고 있는 듯한 산을 본 군자가 태산 같은 도량(度量)을 기르고자 노력한다는 뜻입니다.

그리고 畜(축)은 쌓을 축, 기를 축, 가축 축, 축산 축, 일어날 축, 순종할 축 字이며 저축의 축(蓄)과 그 의미가 같습니다. 大畜(대축)은
긴 세월을 게으름 피지 않고 온 힘을 다해야만 얻을 수 있는 결과입니다.
단전의
大畜剛健篤實 輝光日新其德 剛上而尙賢 能止健大正也(대축강건독실 휘광일신기덕 강상이상현 능지건대정야- 대축은 강건하고 독실하다.
빛을 내며 나날이 그 덕을 새롭게 한다. 剛강이 위로 올라가 어진 이를 숭상하고 능히 건실한 곳에 머무르니 크게 바르다)
에서 느껴지듯, 뛰어난 인품을 지닌 사람들에게 잘 나오는 괘입니다.

"이 여성과 결혼해도 되겠습니까?"

山(산)은 不動(부동- 움직이지 않음), 침착, 독실 / 天(천)은 강건의 의미가 있습니다. 여성으로서 조금 긴장감이 느껴지나, 성실하고 진실한 성품을 가진 사람입니다. 물질적으로도 여유가 있을 것입니다. 한편
원문에, 불가식길(不家食吉- 집에서 먹지 않으면 길하다) 라는 말이 있습니다.
그녀는 결혼 후 자기 일을 가져도 좋습니다. 흔하게 볼 수 있는 여자가 아닙니다.
좌고우면(左顧右眄- 이리저리 생각해보며 망설임) 하지 않기를 바랍니다.

"이 남성과 결혼해도 되겠습니까?"

상대는 늠름한 기상과 건전한 생각을 지닌 사람입니다. 능력이나 경제면 모두 부족하지 않습니다. 이 이상 찾아보기 어려운 남자입니다.
다른 여자가 그를 만나게 된다면 절대 놓치지 않으려 할 것입니다.
좋은 혼담입니다.

27. ䷚ 산뢰이(山雷頤)

頤(이)는 턱 이, (의식을 공급하여) 기를 이 字이며, 괘를 옆으로 90도 틀어서 보면 입모양입니다. 입과 관련지어 생각하는 것이 key 포인트가 될 것입니다.

원문에, 스스로의 힘으로 먹을 것을 구한다는 말이 있습니다. 삼국사기 신라본기에,
신라 내해왕 3년(- 198년) 시조묘(始祖廟- 사당) 앞에 쓰러져 있던 버드나무가 스스로 일어났다는 기록이 있습니다. 버드나무는 뒤집어져도
붙잡고 있던 흙을 절대 놓치지 않습니다. 땅 속의 물을 강력하게 빨아들임으로써 흩어진 흙을 다시 모으고 뿌리를 다지며 그 힘을 되찾아갑니다.

놀라운 생명력입니다. 동의보감과 쌍벽을 이루는 중국의 본초강목에,
楊柳(양류- 버드나무)는 세로로 두든, 가로로 두든, 거꾸로 꽂든, 바로 꽂든 모두 산다 는 이야기가 나옵니다. 산뢰이 괘의 자구구실(自求口實- 스스로 살 길을 염) 을 제대로 보여주는 사례라고 할 수 있습니다.
이런 의미에서 頤(이)는 생활력이 강한 사람에게 잘 어울리는 글자입니다.

한편, 자녀가 기필코 가기를 원하는 길이 있는데, 부모가 그 정도인지 알지 못한 채,
먹고 살기 편한 방향으로 이끌고 가다가 중도에 포기하는 일이 생

기기도 하는 괘입니다.
아이의 올바른 성장과 마음의 평화를 깨는 일은 없어야 할 것입니다.
뇌산소과(雷山小過- 雷와 山이 서로 등을 돌리고 있는 象)와 달리, 이 괘의
雷(- 뢰)는 山(- 산)과 예민하게 다투지 않고 산의 아랫자리에 앉아 있습니다. 산도 가슴을 열고 마주보고 있습니다. 두 사람이 각자의 생각, 의견을 있는 그대로 주고받으면 좋은 관계가 맺어질 것 같습니다.
따라서 만의 하나, 사정을 어느 정도 꾸미거나 감추는 속성이 있는 중개자가 끼어들게 되면 오히려 두 사람 사이의 감응을 깨는 역효과를 가져올 것입니다.

"이 여성과 결혼해도 되겠습니까?"

열심히 살아가는 야무진 여성입니다. 프로포즈 해도 좋습니다. 잘 어울리는 부부가 될 것입니다. 단, 山(산)과 雷(뢰)가 마주보고 피하지 않는 것처럼 나의 모습을 자연 그대로 보여주었으면 합니다. 체면을 지키기 위한 가식이나 虛勢(허세)는 조금도 도움이 되지 않습니다.

"이 남성과 결혼해도 되겠습니까?"

원문과 단전에 虎視眈眈(호시탐탐- 호랑이가 풀숲에 낮게 엎드려 먹을 것을 잔뜩 노려보고 있다)
/ 自求口實 觀其自養也(자구구실 관기자양야- 자구구실 이라 함은 그

스스로를 관찰하여 자기의 생활 능력을 기른다는 것이다) 라는 말이 있습니다.
그는 한량처럼 놀지 않고, 자기가 살아갈 길을 찾아가는 부지런한 남자입니다. 좋은 혼담입니다.

28. ䷛ 택풍대과(澤風大過)

過(과)는 한도를 넘을 과, 지나칠 과, 잘못할 과, 허물 과, 나무랄 과 字이며 大過(대과)는 크게 지나치다는 뜻입니다.

원문과 상전에, 枯楊生華 老婦得其士夫 无咎无譽(고양생화 노부득기사부 무구무예- 시들은 버드나무가 꽃이 핀다. 늙은 부인이 젊은 남자를 얻는다. 허물도 없고 명예도 없다) …何可久也 (하가구야- 어찌 길게 가겠느냐)
/ 老夫女妻 過以相與也(노부여처 과이상여야- 늙은이에 젊은 여자라 함은 常規상규의 한도를 벗어나 서로 함께 한다는 것이다) 라는 말이 있듯이,
大過(대과)는 나이 차이가 꽤 많이 나는 관계에서 흔히 나오는 괘인데, 그 모양을 자세히 보면 남녀가 한 이불을 덮고 누워있는 모양입니다.
아주 가까운 사이일 것이나, 결혼까지 생각하기에는 조금 무리가 있습니다.

그리고 8괘의 水(물 ☵)은 겉으로는 부드러워 보이나(--) 그 속에 강한 물살(—)이 있다는 것을 뜻합니다. 이런 의미에서 大過(대과)는 1효와 6효의 -- 사이에 억센 급류 (4개의 —)가 굽이치고 있는 모양입니다.

신중한 판단이 필요한 때입니다. 원문과 상전에, 棟橈凶(동요흉- 대들보가 흰다. 흉하다)
/ 澤滅木大過(택멸목대과- 연못이 나무를 없애는 것이 대과이다) 라는 말이 있습니다. 대체로, 어느 한 시기에 불꽃처럼 타오르다 끝나는

연애의 괘로 보는 것이 타당할 것입니다.

"이 여성과 결혼해도 되겠습니까?"

그다지 좋지 않습니다. 단, 두 사람이 모두 재혼의 입장이거나, 원문의
枯楊生稊 老夫得其女妻 无不利(고양생제 노부득기여처 무불리- 시들은 버드나무에 새싹이 난다. 늙은이가 젊은 여자를 얻는다. 이롭지 않음이 없다) 라는 말과 관련하여
전처와 사별한 나이 많은 남자가 경제력과 그에 걸맞는 따뜻한 사랑으로
젊은 여자와 재혼을 하려는 경우에는 긍정적으로 생각해 볼 수 있습니다.

"이 남성과 결혼해도 되겠습니까?"

좋지 않습니다. 그러나 상대가 초혼이면서 나이 많은 남자인 경우, 그의 처지를 충분히 이해할 수 있고 나를 사랑하는 마음이 처음부터 끝까지 변함없는 진실로 느껴진다면 한번 고려해 보아도 좋습니다.

상대가 어린 남자라면, 그를 향한 사랑은 석양의 노을처럼 아름다우나
극소수를 제외하고는 그 관계가 오래 지속되지 못할 것입니다. 소중한 추억으로 가슴 속 깊이 간직하였으면 합니다.

29. ䷜ 감위수(坎爲水)

坎(감)은 험할 감, 고생할 감, 구덩이 감 字인데 구덩이는 흙이 부족한 상태를 이릅니다. 건물 따위의 기초가 되거나 활동의 발판이 되어야 하는 지반이 약하다고 할 수밖에 없습니다.

坎爲水(감위수)는 수뢰준, 수산건, 택수곤과 함께 4대 難卦(난괘)의 하나입니다.
언뜻 보기에 부드러운 -- 속에 강한 — 이 흐르고 있다는 것을 표현한 것이 水(수 ☵)인데, 그것이 두 개가 겹쳐 흐르면서 무서운 와류(渦流)를 만들어냅니다. 여름철 익사 사고의 대부분은 이것 때문일 것입니다.

단전과 상전 그리고 원문에 重險(중험- 험한 것이 겹쳐있는 것)과 水洊至(수천지- 물이 연거푸 들이치는 것) / 習坎入于坎窞凶(습감입우감담흉- 구덩이가 겹쳐있다. 험하고坎 깊은 구덩이窞 속으로 빠져 든다. 흉하다)
이라는 말이 있습니다. 그리고 8괘의 坎(감- 水)에는 물 이외에 험함, 암흑, 근심, 피, 독(毒), 술, 외도, 사기, 강도 등의 의미가 있습니다.

따라서 감위수는 앞이 캄캄해지는 난감한 형국을 알려주는 괘입니다.
일반의 운세에서는 별반 기대할 것이 없을 뿐만 아니라 내 한 몸을 지키기도 어려울 것입니다.

상전의 君子以常德行習敎事(군자이상덕행습교사- 군사는 이로씨 늘

덕이 있는 행동을 하고 가르치는 일을 익힌다) 는, 이 시기가 지나갈 때까지
쓸데없는 욕심을 버리고 덕을 쌓으며 학문에 전념하는 것이 지혜로운 사람의 자세라는 것을 알려주는 말입니다.

이 의미를 뒤집어 생각해 보면, 남녀 모두 상대가 利(이)에 매달리지 않고
학문이나 철학, 신학 등 정신적인 분야의 높은 경지를 추구하는 인물이라면 결혼상대로 좋으리라는 것을 쉽게 짐작할 수 있을 것입니다.

그리고 어떤 일이든 과거의 실패를 교훈으로 삼아 성공하는 사례가 많듯이, 본인과 상대방이 모두 재혼의 입장이라면 좋은 혼담이라고 할 수 있습니다.

위에 언급한 두 가지 경우 외에는 結婚(결혼)을 권유하기 어렵습니다.
전부 다 좋지 않습니다. 마음을 접기 바랍니다. 象傳(상전)에서 언급한,
天險(천험)은 지형이 험하여 도저히 올라갈 수 없기 때문에 붙여진 이름입니다.

동서고금에, 외적의 침입을 막고자 천연의 험준한 지형을 요새로 활용한 사례는 헤아릴 수 없을 정도로 많습니다. 그 길을 애써 가고자 하는 것은 조각배를 타고 폭풍우가 치는 검은 바다로 나가는 것과 같습니다.

30. ䷝ 이위화(離爲火)

離(이 ☲)는 해, 심장, 눈(眼), 번개, 아름다움, 분명하게 앎, 문서, 미인, 새, 새의 둥지, 불, 화재 등의 의미가 있습니다. 이 단계에서 음과 양을 한번 짚어보면

―(陽)은 움직임, 강(剛), 닫힌 것을 엶, 위(上), 나타남, 하늘, 낮, 군주, 남자, 앞, 밝음, 해
--(陰)은 고요함, 부드러움(柔), 닫음, 아래(下), 엎드림, 감춤, 땅, 밤, 신하, 여자, 뒤, 흐림, 달 등의 속성을 지니고 있습니다.

이위화는 2개의 양(―) 속에 1개의 음(--)이 자리하고 있는 모양의 離(리)가 겹쳐서 火(화- 불)를 이룬 모양입니다.

원문에, 焚如死如棄如(분여사여기여- 화가 치밀어 올라 그냥 죽어버리거나 다 때려치우고 싶기도 함) 라는 말이 있는데 여러 가지 생각으로 감정의 변화가 심할 때입니다. 이 괘가 나오면, 우선 마음을 차분하게 가라앉히고

해(- 火)처럼 빛나는 덕을 지니고자 노력하는 것이 開運(개운- 좋은 운수가 트임)의 요체(要諦- 사물의 중요한 내용)입니다.

"이 여성과 결혼해도 되겠습니까?"

흔들리는 불길처럼, 감정의 기복이 있는 상태입니다. 그리고 의외로 바깥보다는 속이 덜 뜨거운 불과 같이,

겉으로는 강하게(─) 보이나 그 내면은 약한(--) 성격을 가지고 있습니다. 어쩌면 그녀의 미모(美貌)가 그렇게 만들어 왔을지도 모릅니다.
본인도 잘 알고 있지만 쉽게 고쳐지지 않는 모습일 것입니다. 좀 더 시간을 두고 살펴보았으면 합니다.

"이 남성과 결혼해도 되겠습니까?"

본래 내향적이나(--) 겉으로 강해(─) 보이려는 사람입니다. 나머지는 위의 경우와 비슷합니다.
그리고 불과 불이 맞닿아 있는 象(상)이라는 점에서, 불길을 잡으려고 놓은 맞불이 얼핏 떠오릅니다.
서로 그 길을 가로막는 것처럼 혼담의 진행이 순조롭지는 않을 것입니다.

그러나 당사자와 상대 모두가 재혼의 입장이라면 좋은 혼담이라고 할 수 있습니다.

하경(下經)

31. ䷞ 택산함(澤山咸)

咸(함)은 모두 함, 마음이 같을 함, 두루 미칠 함 字이며, *음과 양이 서로 접촉하면서 느끼는*(- 感. 느낄 감, 감응할 감, 감동할 감) 것입니다.

원문에, 남녀 간의 情交(정교)가 비교적 상세하게 묘사되어 있으나 서로의 감응(感應- 사물을 접촉하는 순간의 느낌에 따라 움직여지는 마음의 반응)
을 건너 띄고 몸부터 섞는 남녀는 찾아보기 힘들 것입니다. 택산함은,
바로 두 사람의 마음이 같아진(- 咸) 후에 이어지는 원초적인 모습을 표현하고 있습니다.

아무 것도 가리지 않은 몸을 드러낸다는 것은, 상대를 향한 자기의 마음을 있는 그대로 주고받는 交感(교감)이 없이는 가능하지 않습니다.
거짓이나 꾸밈이 없는 성품의 인물이 연애를 하고 있을 때 잘 나오는 괘인데, 어린 시절의 감성을 그대로 지니고 있는 사람도 있습니다.
모자 그림을 보고 코끼리를 삼킨 보아구렁이라는 것을 알아본 어린 왕자와 같은 동심이 아직 남아있을지도 모릅니다.

함(咸)은, 처음 만나면서부터 상대의 인력(引力- 끌어당기는 힘)을 느끼면서
두 개의 지류(支流- 본류로 흘러들어가는 물줄기)가 자연스럽게 합쳐지듯,

남자의 다정다감한 감수성과 여자의 섬세한 감정(感情- 사물에 느끼어 일어나는 심정)이
거부감 없이 하나로 이어집니다. 그리고 상괘가 澤(택- 소녀, 여자) 하괘가 山(산- 소년, 남자)인 것으로 보아,
남자가 여자를 뒤따르고 있는 모습의 사랑으로 짐작할 수 있습니다.

이런 맥락에서 이 괘가 나오면, 남녀 간의 사랑을 제일 먼저 언급하지 않을 수 없습니다.

남녀 모두, 좋은 사람을 만나고 있습니다. 이 기회를 놓치지 않기 바랍니다.

남자는, 상대 여성의 결정을 너무 재촉하지 않았으면 합니다. 광야(廣野)의 마음을 가져야합니다.

32. ䷟ 뇌풍항(雷風恒)

恒(항)은 불변(不變) 항, 항상 항, 늘 변하지 않고 그렇게 할 항 字인데,
요즈음의 루틴(routine)과 그 의미가 어느 정도 통합니다. 독일의 철학자 칸트(1724~ 1804)가 산책을 위해 보리수가 늘어선 길을 들어서는 시간은
언제나 정각 오후 3시 30분 이었다고 합니다. 산책로의 그를 본 사람들은 시계가 없이도 몇 시인지 알 수 있었다는 이야기가 전해지고 있습니다.
그의 堅固(견고- 동요되지 않을 만큼 매우 확고함) 한 신념이 느껴집니다.

단전의,
恒久也...雷風相與巽而動...終則有始也(항구야...뢰풍상여손이동...종즉유시야: 항은 오래 고수하는 것이다...우레(雷- 우레, 남자)와 바람(風- 바람, 여자)이 서로 함께하며 유순하게 움직인다...끝까지 恒久(항구- 변하지 않고 오래감)의 덕을 지키면 새로운 시작이 있을 것이다) 라는 말과 같이
뇌풍항은 만나온 기간이 오래된 남녀에게 흔히 나오는 괘인데, 마음을 바꾸지 않고
지금의 관계를 지속적으로 이어나가다 보면 앞으로 좋은 일이 생기게 될 것입니다.

여기에서 중요한 것은 시간입니다. 떨어져 있으면 마음도 멀어지나, 오랜 세월 함께 쌓은 정은 해마다 새롭게 피어나는 들꽃 같은 사랑을 만들어갑니다.

남녀 모두, 한결같은 마음으로 교제를 이어가면 행복한 결혼에 도달할 수 있습니다. 긴 세월 들이는 정성이 결코 헛되지 않을 것입니다.
상전에, 군자는 恒(항)을 보고 서있는 자리에서 그 방향을 바꾸지 않는다고 하였습니다.

한편, 상대의 변함없는 루틴(routine) 또한 깨거나 바꾸려는 생각은 가급적 하지 않았으면 합니다.

기혼의 부부에게 이 괘가 나왔다면 결혼 전의 설렘과 호기심은 이미 사라져가고 있을 때이나
좀처럼 맺어지기 어렵다는 부부의 인연을 생각하며, 상대를 아끼고 사랑하던 초심으로 돌아가고자 발분(發憤) 노력하여야(- 恒) 할 것입니다.

33. ☰☶ 천산둔(天山遯)

遯(둔)은 달아날 둔, 속일 둔, 기만할 둔 字이며, 상괘는 天(천) 하괘는 山(산)으로 이루어져 있습니다.

구름을 뚫고 높이 솟아있는 大畜(대축) 괘의 산과는 대조적으로, 하늘 저- 끝 한 모퉁이에 도망치듯 짜그러져 있는 山(산)입니다. 찾아오는
인파(人波- 사람들이 많이 모이는 모습을 파도에 비유한 말)로 발 디딜 틈이 없는 명산(名山)과는 다르게 볼품없이 초라하기만 합니다.

단전에, 遯(둔)은 형통하다 함은 퇴각하면 형통하다는 것이다. 강(剛)이 마땅한 자리에 있으면서 천리(天理- 천지 만물이 생성되고 움직이는 이치)에 감응한다. 때와 더불어 나아가는 것이다. 곧아야(만) 조금 이롭다
함은 陰(음)이 점차 전진(前進)하고 있기 때문이다 라는 말이 있습니다.

일반 운세에서 이 괘가 나오면, 사업뿐만 아니라 가정과 부부관계까지도 거의 모두 쇠퇴하고 있다는 것을 감지하고
다가올 難局(난국- 어렵게 꼬인 일이나 상황)에 대비해야 할 것입니다.

긴축 체제로 전환함으로써 주요 계획들은 백지화(白紙化- 없었던 것으로 함)하고,
후일의 권토중래(捲土重來- 한번 패했다가 세력을 회복해서 다시 쳐들어옴)를 기약해야 할 때입니다. 체면 때문에 길게 생각해보거나 주저

할 일이 아닙니다. 스스로도 어떻게 해야 할지 그 방향은 알고 있을 겁니다.

그리고 건강 또한 체크해보아야만 합니다. 원문에, 有疾厲(유질려 - 질병이 생긴다. 위태롭다) 라는 말이 있습니다. 용을 써도 되지 않는 일들이 있습니다.

아무도 보고 있지 않다면 그냥 울어버리고 싶을 정도의 국면일 것입니다.

주위에 겉과 속이 다른 인물이 있는지도, 이참에 유심히 살펴보아야만 합니다. 상전에, 天下有山遯 君子以遠小人不惡而嚴(천하유산둔 군자이원소인불오이엄- 하늘 아래 산이 있는 것이 遯둔이다. 군자는 이로써
소인을 멀리하고, 미워하지는 않으나 엄하게 대한다) 라는 말이 있습니다.

남녀 모두 그다지 좋은 婚談(혼담)이라고 할 수 없습니다.

34. ䷡ 뇌천대장(雷天大壯)

壯(장)은 혈기왕성할 장, 용감할 장, 웅장할 장, 견고할 장 字입니다.
일반적으로 대장(大壯)은 크게 씩씩하다는 의미로 볼 수 있는데, 大(대)는 과장(誇張- 실지보다 부풀려 나타냄) 의 의미도 가지고 있습니다.
용감한 것은 좋으나 혈기에 찬 만용(蠻勇- 사리를 분간하지 않고 날뛰는 용맹)은 경계하여야 할 것입니다.

이 괘가 나오면, 스포츠 선수는 크게 길하나, 보통의 사람들은 조금 유연해질 필요가 있습니다. 원문에 小人用壯君子用罔 貞厲 羝羊觸藩羸其角(소인용장군자용망 정려 저양촉번리기각- 소인은 혈기를 갖고 행하나 군자는 혈기를 부리지 않는다. 위태로우니 곧아야 한다. 힘이 넘치는 숫양이 울타리를 들이받다 그 뿔이 걸려 괴로워한다) 는 말이 있습니다.
그리고 전후좌우 없이 냅다 달리다가는 교통사고가 날 수 있다는 것을 예고하는 괘이기도 합니다.

일반의 일이나 대인관계 모두, 넘치는 힘을 스스로 부드럽게 제어할 줄 알아야만 순조로울 것입니다.

"이 여성과 결혼해도 되겠습니까?"

승부욕이 대단하며 그 능력이 뭇 남성들에게 뒤지지 않습니다. 어떤 일이든 거침없이 해내는 strong-우먼입니다. 결혼 후에 자기 일을 가지면 아주 좋습니다. 옷이나 헤어, 구두 등을 남자스타일로 하는 사람도 간혹 있습니다.

"이 남성과 결혼해도 되겠습니까?"

강하고 역동적인 것을 일러 壯(장)이라고 하는데, 앞에 大(대) 字가 붙어 있습니다.

아주 체력이 좋고 불요불굴(不撓不屈- 휘어지지도 굽히지도 않음)의 터프한 인물로 보입니다.
거기에 이 괘는 2개의 陰(음)을 4개의 陽(양)이 강하게 압박하고 있는 모습입니다.

보통의 여성은 그 힘을 감당하기 어려워 일탈과 외도의 빌미를 줄 수도 있을 것입니다.

35. ䷢ 화지진(火地晉)

晉(진)은 나아갈 진(進), 억누를 진 字입니다. 이 괘는 상괘가 火(화) 하괘가 地(지)로 이루어져 있습니다. 해가 지평선 위로 지금 막 솟아오르고 있는 모양입니다. 길고 어두웠던 밤이 하늘 저 끝으로 사라지고 있습니다.

그간 고생해 온 사람에게 희망에 찬 날이 밝았습니다. 원문에, 晉康侯用錫馬蕃庶晝日三接(진강후용석마번서주일삼접- 晉진은 강후가 천자로부터 많은 말을 하사받고 낮에 세 차례 접견하는 것이다/ 강후. 나라를 평안하게 다스리는 제후) 라는 말이 있습니다. 입신양명(立身揚名)의 괘입니다.
드디어, 나의 실력과 공로를 당당하게 인정받게 될 것입니다. 성적을 고민하던 학생도 이제부터, 우상향으로 눈에 띄게 좋아질 겁니다.

가라앉아 있던 마음과 힘을 돋우어 일어서야할 때입니다. 가슴 가득 雄心(웅심)을 품고 뚜벅뚜벅 전진하기 바랍니다. 단, 찬란하게 빛나는
정오의 태양이 되기까지는 아직 넘어야할 산이 더 있습니다. 끝까지 집중을 잃지 않아야만 할 것입니다.

한편, 얄팍한 지식으로 나의 실력이나 학문을 시험하려 들거나 떠보는
자(者)를 만나기도 하는데, 이를 차분한 기백과 실사구시(實事求是- 사실에 바탕을 두어 진리를 탐구함) 의 이론으로 굴복시키는 것도 晉(진)의 일례입니다.

"이 여성과 결혼해도 되겠습니까?"

좋은 여자입니다. 火(화)는 딸과 여자, 地(지)는 어머니의 의미가 있습니다.
어미닭이 병아리를 뒤따르며 보호하듯, 엄마가 이것저것 챙겨주는 딸의 모습이 보입니다.
진정으로 마음에 든다면, 그녀의 어머니를 만나 진실하고 솔직하게 어필(appeal- 흥미를 불러일으키거나 매력을 느끼게 함) 하면 더욱 효과적일 것입니다.

"이 남성과 결혼해도 되겠습니까?"

정도를 걷는 반듯한 남자입니다. 좋은 혼담입니다. 한눈팔다 놓치지 않기를 바랍니다.

36. ䷗ 지화명이(地火明夷)

夷(이)는 평탄할 이, 온화할 이, 기뻐할 이, 클 이, 무리 이, 멸할 이, 다칠 이, 잘못 이 字입니다.
여기서는 멸할 이, 다칠 이로 보아 명이(明夷)는 캄캄해지다 의 의미가 됩니다.
이 괘는 상괘는 地(지- 땅), 하괘는 火(화- 해)로 이루어져 있으며 해가 지평선 아래에 있는 모습입니다. 현실을 뚜렷하게 구분하고 분석하기가 쉽지 않은 캄캄한 밤입니다.

단전에, 明入地中明夷 內文明而外柔順以蒙大難 文王以之 利艱貞晦其明也(명입지중명이 내문명이외유순이몽대난 문왕이지 이간정회기명야-
밝은 빛이 땅속으로 들어간 것이 명이이다. 안으로는 밝게 꾸미되 밖으로는 유순한 모습으로 큰 어려움을 견디어 낸다. 주의 문왕이 간 길이다. 힘들고 괴로우나 곧아야 이롭다 함은 그 총명함을 감추어야 한다는 것이다) 라는 말이 있습니다.

그 분위기가, 실력을 발휘하면서 나의 진가를 알릴 수 있는「화지진」과는 사뭇 다릅니다. 칠흑 같은 어둠 속에 앞을 더듬으며 걸어가는 형국입니다. 명이의 뜻으로 보아 火(화)가 갖고 있는 미인, 딸, 번개, 심장, 문서, 거짓 등의 여러 의미들 가운데 '거짓'이 눈에 잡힙니다.
자칫하면, 사기를 당하고 좌초(坐礁- 배가 암초에 걸림)할 수도 있습니다.
나의 재주를 시기하거나 진심을 오해하는 사람이나 없으면 다행입니다.

아무리 빨라도 동이 틀 때까지는 경계하고 조심하는 마음으로, 움직이지 않아야 할 것입니다. 이 괘가 나왔을 때는 사업이나 가정, 대인관계 등 거의 모든 분야가 이미 순조롭게 흘러가지 않고 있는 경우가 많습니다.

이와 같은 맥락에서 남녀 모두, 아쉬움을 뒤로 하고 교제를 멈추어야만 합니다.

내 모습은 다 보인 것 같으나 정작 상대에 대해서는 정확하게 알지 못하고 있는 뭔가가 없는지,
상식의 선에서 반드시 짚어 보아야 할 것입니다. 이 혼담은 권할 수 없습니다.
어쩌면, 邪心(사심- 정도에 어긋나는 마음. 私心사심과는 그 정도가 다름)
을 가지고 접근한 사람과 참되고 애틋한 마음으로 만나온 것일지도 모릅니다. 시시비비를 가리지 말고 조용히 한 발 뒤로 물러서야 합니다.

37. ䷤ 풍화가인(風火家人)

家(가)는 집 가, 人(인)은 사람 인 字입니다. 家人(가인)을, 가족 같은 사람이나 집을 지키는 사람이라는 뜻으로 받아들여도 무리(無理 - 이치에 맞지 않거나 알맞은 정도에서 벗어남) 는 없을 것입니다. 가깝고 친한 느낌이 듭니다.
또한
단전에, 家人有嚴君焉 父母之謂也 父父子子...(가인유엄군언 부모지위야 부부자자... - 가인에는 엄한 주재자(- 君)가 있으니, 부모를 말한다. 아비가 아비답고 자식이 자식다우며...)
라는
말이 있습니다. 상대 남녀는 모두 나름대로의 가풍(家風- 한 집안에서 오래 지켜온 생활습관이나 규범) 이 있는 집에서 자라온 바른 사람들일 것입니다.

"이 여성과 결혼해도 되겠습니까?"

家人女正位乎內男正位乎外(가인여정위호내남정위호외- 가인은, 여자는 집 안에서 자리를 바르게 하고 남자는 집 밖에서 자리를 바르게 하는 것이다)
라는 말에서 안살림을 아주 잘해낼 사람으로 짐작할 수 있으며, 상전에
風自火出家人(풍자화출가인- 바람이 불에서 빠져나가는 것이 가인이다 / 공기가 없어져가는 것) 이라는 말이 있습니다.

제우스의 불을 훔쳐 인간에게 준 죄로, 독수리에게 간을 쪼아 먹히

는 형벌이 내려진 프로메테우스의 신화는, 불이 인류에게 얼마나 소중한 것이었는지를 새삼 일깨워줍니다.
자칫하면 꺼질 수도 있는 그 불을 온 정성을 기울여 지켜내는 가정적인 여인이라고 할 수 있습니다. 집안을 두루 평안하게 만들 것입니다.

"이 남성과 결혼해도 되겠습니까?"

「가인」이라는 이름에서 느껴지듯, 내성적이나 소소한 것들까지 챙겨주는 섬세하고 가정적인 사람일 것입니다.

호쾌한 스타일과는 거리가 있지만, 남자라는 이유로 허세나 부리는 실속 없는 사람에 비할 바가 아닙니다. 밖에서 일한다고, 휴일이면 늘 친구들과
놀거나 하루 종일 방에서 뒹구는 이기적인 남자가 아닙니다. 좋은 혼담입니다.

38. ䷥ 화택규(火澤睽)

이 괘는 상괘는 火(화), 하괘는 澤(택- 연못)으로 이루어져 있습니다.
불은 위로 타오르고 물은 아래로 흐르는 성질이 있습니다. 각기 가고자 하는 길이 다른 모양입니다. 睽(규)는 등질 규, 눈을 부릅뜰 규, 외면할 규, 서로 마주보지 않을 규 字인데,
원문에 睽孤(규고- 의견이 어긋나 고독하다)라는 말이 두 번 나옵니다.
나의 뜻대로 풀리지 않거나 남들과의 의견이 맞지 않는 일들이 이어지면서 화가 나기도 하고 외로운 감정에 빠져들기도 합니다.

원문에 睽小事吉(규소사길- 규는 작은 일에 길하다) 이라는 말이 있는데,
이를 뒤집어 생각하면, 일상적으로 해왔던 소소한 일들 외에는 그다지 기대할 것이 없다는 의미로 볼 수 있습니다. 이 괘를 현실에 적용할 때
무엇보다 중요한 기준은, **평소 크게 어긋남이 없이 반복되어 온 것인지의 여부**(與否- 그러함과 그렇지 않음) 입니다. 뭔가 어색하고 익숙하지 않은 새로운 시도는 어떤 경우라도 하지 않아야 합니다. '에이, 괜찮겠지'
하는 방심은 실수와 낭패를 부르게 될 것입니다.

단전의 男女睽而其志通也(남녀규이기지통야- 남녀는 다르나 그 뜻이 통한다) 라는 말은,
두 사람이 물과 불처럼 상당히 다른 성격이나 외모를 가지고 있으나

각자가 지닌 매력으로 마음이 가고 뜻이 통한다는 의미입니다. 그러나
이는 지금까지 계속되어 온 관계에만 국한시켜야 할 것입니다. 연인이나 부부는
설사 싸우게 되더라도 그간 쌓이고 쌓인 정으로 어떻게든 화해나 용서가 가능하다는 이유에서입니다.

이런 의미에서, **애인에서 새로운 단계로 접어드는 혼담은 그만 두는 것이 좋습니다**. 사귀는 것과 한 둥지를 틀고 함께 사는 것은 다른 차원의 이야기입니다.

이제까지 한 이불을 덮고 자던 **부부가 서로를 원망하며 전격적으로 이혼하는 것도 좋지 않습니다**. 그동안과는 전혀 다른 길을 가는 것이기 때문입니다.

끝으로, 二女同居其志不同行(이녀동거기지부동행- 두 여인이 함께 있으나 그 뜻이 같은 길을 가지 않는다) 이라는 말이 있습니다. 두 여자라고 하면
언뜻, 시어머니와 며느리 혹은 남자를 좋아하고 따르는 또 다른 여인의 출현? 등 뒷골이 당기고 마음이 괴로운 일들을 떠올릴 수도 있을 것입니다.

결혼은 大事(대사) 라는 말이 아니더라도, 始終(시종), 이 부분에 신경이 쓰입니다. **남녀 모두, 권하기가 매우 어렵습니다.**

39. ䷦ 수산건(水山蹇)

이 괘는 수뢰준, 감위수, 택수곤과 더불어 4대 難卦(난괘)의 하나로 蹇(건)은 절뚝거릴 건, 굼뜰 건, 느릴 건, 고생할 건, 멈출 건 字입니다.
상괘는 水(수- 물, 구름, 눈, 비) 하괘는 山(산)으로 이루어져 있어, 눈이나 비가 내리는 산을 절뚝거리며 힘들게 걸어가는 모습이 연상됩니다.
어둡고 춥고 바람이 부는 날, 산을 가고 싶어 하는 사람은 없을 것입니다.
날이 좋아서 갔으나, 기상(氣象- 바람 구름 비 등 대기 중에서 일어나는 모든 현상) 의 악화로 고생을 하거나 조난사고가 나는 경우도 있습니다.

다른 예를 들자면 BC 218년 시작된 제 2차-포에니전쟁 때, 카르타고의 한니발군(軍)이 엄청난 수의 병력을 잃으면서 알프스를 넘어가는
간난신고(艱難辛苦- 갖은 고초를 다 겪음)의 과정이 바로 蹇(건)입니다.
그리고 蹇(건)은, 산이 없는 곳으로 여행하는 사람조차 발을 다치는 일이 생긴다는 것과
갑자기 오는 심근경색으로 팔이 생각하는 방향과 다르게 움직이거나
다리를 절게 될 수 있다는 것을 예고하는 괘이기도 한데, 학생들이 만든
「장난감-모터자동차 레이스」에서 정밀하지 못한 조립으로 씽씽 달리지 못하고 기우뚱거리면서 굴러가는 것도 이에 해당한다고 할 수

있습니다.

또한 상괘의 水(수)는 물, 남자 외에 어두움, 고민, 걱정, 눈물, 위험, 오입, 표독(慓毒- 사납고 독살스러움), 사기, 도둑, 술꾼, 감옥 등의 부정적인 의미도 지니고 있으며,

단전과 상전에 蹇難也 險在前也 見險而能止 知矣哉(건난야 험재전야 견험이능지 지의재- 蹇건은 어려운 것이다. 험한 것이 앞에 있다. 험한 것을 보고 능히 멈추어서니 지혜롭다)
/ 往蹇來譽宜待也(왕건래예의대야- 가면 고생을 하고 돌아오면 명예롭다 함은 마땅히 때를 기다려야 한다는 것이다) 라는 말이 있습니다. 따라서

향후의 주요 계획들은, 나의 약점이나 부실한 기반 또는 누군가의 암수(暗數)로 인하여 차질이 생기지 않도록 모두 다 원점으로 돌리고,
진행 중인 사안들도 다시 한 번 빈틈없이 꼼꼼하게 살펴보아야만 할 것입니다.

위와 같은 맥락에서, **남녀를 불문하고 상대와의 혼담을 권하기 어렵습니다**. 어쩌면 당사자 모두, 결혼을 추진하기에는 각자의 사정이 여의치 않을는지도 모릅니다.

한편 利(이)와는 거리가 먼, 산 속에서 멀고먼 구도(求道)의 길을 가는 것도 蹇(건)에 비유할 수 있습니다. 진정으로 순수한 宗教家(종교가)이거나 학자라면 좀 더 시간을 두고 이모저모 겪어보기를 바랍니다.

40. ䷧ 뇌수해(雷水解)

이 괘는 상괘 雷(뢰- 봄, 활기) 하괘 水(수- 겨울, 강, 고민, 어두움, 눈 雪, 위험) 로 이루어져 있습니다.
解(해)는 얽힌 것을 풀 해, 원한을 풀 해, 의심나는 것을 설명할 해, 이해할 해, 자유롭게 할 해, 흩어질 해, 헤어질 해, 파면할 해 字이며

해결(解決), 해빙(解氷), 해갈(解渴- 목마른 것을 풂), 해방(解放- 속박을 풀어 자유롭게 함), 화해(和解- 갈등과 다툼을 그치고 나쁜 감정을 풂)

해이(解弛- 정신 상태나 태도가 긴장이 풀어져서 느슨해짐), 해약(解約- 계약을 깨뜨려서 없었던 것으로 함), 해산(解散), 해고(解雇- 피고용자를 내보냄), 해직(解職- 자리에서 물러나게 함) 이라는 단어의 글자입니다.

얼어붙은 강으로 산으로 보드랍고 따스한 바람이 붑니다. 추위를 피해 땅속에서 자던 벌레들이
봄기운에 놀라 깨어납니다. 단전에, 解險以動 動而免乎險解…天地解而雷雨作 雷雨作而百果草木皆甲拆(해험이동 동이면호험해… 천지해이뇌우작 뇌우작이백과초목개갑탁- 解해는 험한 것이 그쳐 움직이는 것이다.
따라서 움직이면서 험한 곳을 벗어나는 것이 해이다…하늘과 땅이 풀리니 우레와 비가 움직이고, 우레와 비가 움직이니 백과초목이 모두 다 껍질이 터진다)
이라는 말이 있습니다.
이제 가슴을 펴고 활기차게 움직일 때가 왔습니다. 지지부진 계획대

로
풀리지 않아 꼬여버린 일이 있었다면 차차 그 문제의 해결도 보게 될 것입니다.

한편, 이 괘(卦)를 적용할 때 잊지 않아야할 기준이 한 가지 있습니다.
겨울을 겪고 나야 봄이 오듯, 고통의 유무가 그것입니다. 위 解(해)자의 용례를 보면,
뒤의 5개는 부정적입니다. 긴 시간을 초조해하며 **고민**해 왔던 사람은 마침내 결혼을 하게 되나,

오래된 사이라도 '이미 내 사람'이라는 기분으로 행여 놓치지 않을까를 걱정하지 않는 해이해진 상태의 인물이라면 언약의 여부를 떠나
상대와 헤어지게 될(- 解) 것입니다. 정성스러운 자세를 잃지 않아야 합니다.

"이 여성과 결혼해도 되겠습니까?"

화창한 봄날과 같은 밝은 성격을 가진 여자입니다. 좋은 사람입니다.

"이 남성과 결혼해도 되겠습니까?"

조목을 깨우는 봄기운이 약동하듯, 활력이 있는 남자입니다. 놓치지 않았으면 합니다.

41. ䷨ 산택손(山澤損)

상괘는 山(산- 산, 남자) 하괘는 澤(택- 연못, 여자)으로 이루어져 있으며,
損(손)은 잃을 손, 손해를 볼 손, 덜 손, 감소할 손, 삭감할 손, 낮출 손, 상할 손 字입니다.
이름으로 봐서는 분명 손해가 나는 것으로 생각할 수밖에 없지만 원문에
弗損益之(불손익지- 손해가 아니고 이익이 될 것이다) 라는 말이 있습니다.
弗(불)은 일반적으로 쓰이는 不(불)보다 뜻이 *더 강한* 글자라는 의미에서,
지금은 손해인 것 같으나, 후일 *반드시* 이익으로 되돌아온다는 의미로 해석하여도 무리가 없을 것입니다.

어떤 일이나 투자 등을 이미 저지르고 나서, 낭패를 보는 건 아닐까 몇 날 며칠을 두려워하며 잠을 못 이루는 경우가 간혹 있습니다. 이 때
만약 損(손)괘가 나왔다면, 이와 같은 근심과 걱정을 내려놓아도 된다는 뜻으로 받아들이면 됩니다. 더 이상 전전긍긍할 이유가 조금도 없습니다.

이와 같은 흐름은, 혼담의 경우에도 다르지 않습니다. 이 때 손괘를 받았다면,
다소 부족한 상대로 느껴질 수 있으나 실제로는 그렇지 않습니다. 평소
마음의 평화와 행복이 중요하다는 것을 잘 알고 있으면서도, 현실적

으로는 타인의 눈이나 나의 욕심 탓으로 망설여지는 경우가 많이 있습니다.

損(손)은, 택산함과는 다르게 여자가 남자를 뒤따르고 있는 모양입니다.
힘든 일이 닥쳐도 불평 없이 내조하는 어진 아내 또는 뭔가 일이 서툴러도 손을 잡고 이끌어주는 다정한 낭군을 그려보아도 좋을 듯합니다.

부부화합의 표현으로 널리 쓰여 온 부창부수(夫唱婦隨- 남편의 주장에 아내가 따름)는
바로 이 산택손 괘가 이야기하고자 하는 남녀를 가리킨다고 할 수 있을 것입니다.

남녀 모두, 정직하고 바른 심성을 가진 상대와 만나고 있습니다. 좋은 혼담입니다.

42. ䷩ 풍뢰익(風雷益)

이 괘는, 상괘는 風(풍- 바람, 여자) 하괘는 雷(뢰- 천둥, 남자)로 이루어져 있습니다.
관심이 떨어진 부부가 등을 돌리고 앉아있는 모습의 뇌풍항 과는 다르게

서로 마주보고 있는 象(상)이며 益(익)은 더할 익, 보탤 익, 많아질 익, 이로울 익, 이득 익, 더욱 익 字입니다.

益(익)은, 타인에게 뭔가를 알려줄 때 마음을 다해서 상세하게 가르쳐주는 사람들에게 잘 나오는 괘입니다.

원문에, 有孚惠心勿問元吉 有孚惠我德(유부혜심물문원길 유부혜아덕- 성심으로 은혜를 베푸는 마음을 가진다. 물을 것도 없이 크게 길하다. 그 정성스러움에 나의 덕을 은혜롭게 여긴다)
이라는
말이 있습니다. 쉽게 찾아볼 수 없는, 친절하고 열성적인 성품의 인물일 것입니다.

한편, 상품을 늘어놓고 손님을 부르는 좌판(坐板- ☴ 風)과 이에 반응하여 가까이 오는 사람들의 움직임(- 雷)을 그려볼 수도 있겠습니다.
단전에서는 日進无疆 天施地生其益无方(일진무강 천시지생기익무방- 날마다 끝없이 전진한다. 하늘은 베풀고 땅은 자라게 하니 그 이익이 사방에 가득하다)
이라는 말로 사업의 순조로운 과정과 풍요로운 결과를 알려주고 있

는데,

이는 혼담의 경우에도 다르지 않습니다. 선물과 축복이 넘치는 결혼으로 이어질 겁니다.
남녀 모두, 기다리던 짝을 만났다고 할 수 있습니다. 강과 들판에 쏟아지는 하얀 별빛은 별과 밤이 함께 만든 것입니다.
각자가, 상대가 필요로 하는 부분에 꼭 들어맞는 부부가 될 것입니다.

43. ☰ 택천쾌(澤天夬)

단전에, 夬決也 剛決柔也(쾌결야 강결유야- 쾌는 결단하는 것이다. 강이 유를 없앤다) 라는 말이 있습니다. 夬(쾌)는 둑이 터질 쾌 字인데 결심,
결행(決行- 단행), 결단의 決(결- 터질 결, 결단할 결) 과 같은 뜻으로 쓰이고 있습니다. 3효의 夬夬(쾌쾌)는 결단을 내리는 모양을 표현한 단어입니다.

이 괘는 5개의 양(—)이 1개의 음(--)을 처단하고자 바짝 다가선 모습입니다.
밀어붙이는 기세가 상당히 격렬하고 위험해 보입니다. 상하(上下) 또는 수평의 관계에서 사고가 터지기 일보 직전의 일이 있을 것입니다.

목까지 차오른 격한 감정을 누르고, 힘으로든 법으로든 남들과 다투지 않아야 합니다. 원문의, 壯于前趾 往不勝爲咎(장우전지 왕불승위구: 앞으로 발을 내딛으며 혈기- *격동하기 쉬운 기운*- 를 품는다. 이기지 못할 길을 가는 것이니 허물이 될 것이다) 라는 말을 잊지 않아야만 합니다.

끝까지 분쟁을 고집하다가는, 여지없이 패하고 다시는 일어서기 어려운 처지가 될 수도 있습니다.

가정에서는 부부가 그야말로 파국으로 치닫고 있는 때에 잘 나오는 괘이기도 합니다.

"이 여성과 결혼해도 되겠습니까?"

음(--) 1개에 양(—) 5개가 따르고 있습니다. 여자의 마음을 얻고자 하는 남자들이 너무 많으며, 이들의 경쟁이 그녀의 눈과 선택기준을 높이고 있을지도 모릅니다.
어느 곳에나 푸른 산이 있듯, 좋은 사람은 어딘가에 또 있을 것입니다.

"이 남성과 결혼해도 되겠습니까?"

마음을 가라앉혀야 합니다. 상대보다 내가 훨씬 더 좋아하고 있는 것은 아닌지, 지금의 감정에서 빠져나와 차분하게 살펴볼 필요가 있습니다.

44. ䷫ 천풍구(天風姤)

姤(구)는 만날 구, 예쁠 구 字입니다. 원문에 姤其角(구기각- 그 구석진 곳에서 *우연히* 만난다) 이라는 말이 있는데,

일상의 생활에서 우연한 사건이 생기는 경우가 많은 괘입니다. 작든 크든 인과 관계가 없어서 미리 생각해 보기 어려운, 좋거나 나쁜 일들을 갑자기 겪게 되는 수가 많습니다. 따라서 좋은 것은 알 수 없어도 상관이 없겠으나, 느닷없는 피해는 원천적으로 봉쇄한다는 차원에서,
평소 말이 간결하거나 명확하지 않은 사람들은 처음부터 자연스럽게 멀리 해야만 할 것입니다.

한편 남자는, 모르는 길이나 빌딩 內 배치도에 표시되지 않은 사무실을 찾는 등의 소소한 문제는 상냥한 여자의 안내를 받기도 하지만,
주요 사안은 가끔 말로만 그럴싸하고 속으로는 비뚤어진 시각을 가진 여성으로 인해 망쳐버리기도 합니다.

여자는 -- 위에 — 5개가 있는 모양으로 보아 따르는 남자들이 꽤나 많은 예쁜 외모를 떠올릴 수 있는데, 女壯(여장- 여자가 씩씩하다. 뇌천대장의 壯)
이라는 말처럼 수려한 얼굴과는 다르게 사내들과 싸워도 지지 않는 기질을 가지고 있습니다.

그 밖에, 타인의 기분과 의도를 정확히 포착하면서 다정한 임기응변으로 만족감을 주는 언어능력이 뛰어난 여인이나, 그 중 어학 계통

의 실력자가 여기에 해당하는 인물도 있습니다. 이들은 어떤 분야가 됐든
자기가 좋아하는 일을 남에게 예속되지 않고 기필코 해내는 추진력과 수완을 지니고 있을 뿐만 아니라 의외의 인사로부터 생각지도 못한 도움을 받게 되기도 합니다.

혼담의 경우에는, 갈 곳을 정하지 못하고 이리저리 부는 바람처럼 이럴까 저럴까 하며 망설이고 있습니다. 원문에 羸豕孚蹢躅(리시부척촉- 여윈 돼지가 *나아가지 않고* 제자리에서 머뭇거리기만 한다)이라는
말이 있습니다. 상대가 가부를 분명하게 밝히지 않는 사람일 경우에 잘 나오는 괘입니다.

"이 여성과 결혼해도 되겠습니까?"

위의 일례와 같이 혹, 사회적으로 좋은 평판을 받는 업종을 독자적으로 운영하는 대표라면 모를까, 그렇지 않다면 권유하기 어려운 혼담)입니다.
선택의 폭이 너무 넓은 여자로 보입니다.

"이 남성과 결혼해도 되겠습니까?"

매력적인 사람이지만, 정해진 방향이 없이 부는 바람처럼 뚜렷한 목적이 없이 방황하는 사람으로 보입니다.
아까운 시간과 힘을 낭비(浪費)하지 말고 그 자리에 멈추어서야 합니다.

45. ䷬ 택지췌(澤地萃)

萃(췌)는 모일 췌 字이며, 상괘는 澤(택- 연못, 물, 계곡, 비) 하괘는 地(지- 땅, 전답) 로 이루어져 있습니다.
말랐던 전답이 간밤에 내린 비로 촉촉해졌습니다. 새끼 입에 쏙 들어가는 밥과 내 논에 들어가는 물은 언제 보아도 예쁘기만 합니다. 시원하고 깨끗한 날입니다. 저절로, 하늘에 감사하는 마음이 생깁니다.
단전에, 萃聚也 順而說(췌취야 순이열- 췌는 모이는 것이다. 순리를 따르며 기뻐한다)
이라는 말이 있습니다. 사람들이 각지에서 모입니다. 場(장)날로, 입학식으로, 기념축제 등으로 거리에 활기가 생기고 있습니다. 인사하고
웃고 떠드는 소리들이 이쪽저쪽에서 서로를 흥겹게 만듭니다. 인파가
몰려드는 가운데 거래와 축하를 주고받으면서, 선남선녀도 마음 설레는 소식들을 듣거나 기다리던 짝을 만날 기회를 얻게 되기도 합니다.

萃(췌)는 입학, 취직, 승진, 사업뿐만 아니라 남녀 간의 소개에도 좋은 괘입니다.
모인다는 뜻에 어울리게, 한 번 물꼬- 논에 물이 넘나들도록 만들어 놓은 좁은 통로- 가 터지면 2~ 3개의 혼담이 연이어 들어올 것입니다.

福無雙至(복무쌍지 - 복은 짝지어서 오지 않는다) 라는 말을 잊지 말고,
다시 만나기 어려운 이 절호(絶好)의 찬스를 놓치지 않기 바랍니다.

"이 여성과 결혼해도 되겠습니까?"

가정 외에도 어떤 일이나 다 잘해낼 수 있는 재주 있는 사람입니다. 낭군의 앞길을 열어줄 것입니다.

"이 남성과 결혼해도 되겠습니까?"

상전과 단전의, 탄식하며 눈물과 콧물을 흘린다 함은 아직 윗사람을 편안하게 해드리지 못하였기 때문이다
/ 孝(효)를 다하여 祭(제- 제사)를 올린다는 말과 같이 깊은 효심을 지녔으며,

실력이 부족한 이를 잘 이끌어주는 인정과 일상의 업무수행에 뛰어난 재능이 있는 사람입니다.

46. ䷭ 지풍승(地風升)

이 괘는 상괘 地(지- 땅, 어머니), 하괘 風(풍- 나무)으로 이루어져 있으며, 땅 속에 씨앗이 뿌려진 象(상)입니다. 새로운 변화가 생긴 겁니다.

땅 밖으로 새싹이 움트고 점차 자라나면서 큰 나무가 되는 모습을 그려볼 수 있습니다.
사람의 일도 이와 다르지 않습니다. 재능은 있으나 어디 한군데 발 내딛을 곳이 없던 인재에게 길이 처음 열린 것입니다. 정성스러운 마음으로 일을 해가다 보면,
하나하나 다져지는 기반과 함께 어느덧 그 능력을 인정받으며 성공할 것입니다.

升(승)은 오를 승, 이루어질 승, 곡식이 여물 승 字로 승진, 승급, 승단의 昇(승)과 같은 의미입니다.

어떻게 보면 자기 자신조차도 잠재한 역량이 어느 정도인가를 알지 못하는 경우가 많으나,
지풍승은 노력하는 자에게 훗날 대성을 약속하는 괘입니다. 스스로 절차탁마(切磋琢磨- 옥을 갈고 닦아서 빛을 낸다. 학문, 기예를 열심히 익히고 수련함) 를 멈추지 않아야만 할 것입니다.

한편,
升괘가 나오면, 땅 속의 씨앗이 눈에 보이지 않는 것처럼 모르고 그냥 지나쳐버린 신체 내부의 病(병)은 없는지 예의 주시하여야 합니다.

상전과 단전에,
君子以順德積小以高大(군자이순덕적소이고대- 군자는 이로써 순리를 따르는 마음으로 조금씩 쌓아가며 높고 크게 만든다)
/
柔以時升...用見大人 勿恤 有慶也(유이시승...용견대인 물휼 유경야- 부드럽게 때에 맞추어 움직이는 것이 升이다...대인을 보게 된다. 근심하지 말라. 경사가 있을 것이다) 라는 말이 있습니다.

"이 여성과 결혼해도 되겠습니까?"

땅 속의 씨앗처럼 아직은 장점이 보이지 않으나, 시간이 가면서 나무가 자라듯 차차 진가가 드러날 것입니다. 얌전하고 다소곳한 스타일의 가정적인 여자입니다.

"이 남성과 결혼해도 되겠습니까?"

내성적이어서 평범해 보이나, 가까이 겪어보면 진실하고 좋은 점이 많은 사람입니다.
겉만 번지르르하고 내용이 없는 허황(虛荒- 현실성이 없어 미덥지 못함) 된 사람과는 질적으로 다릅니다.

47. ䷮ 택수곤(澤水困)

상괘는 澤(택) 하괘는 水(수)로 이루어져 있으며, 물이 땅 속으로 스며들어
바닥이 드러나 버린 황폐한 연못의 象(상)입니다. 困(곤)은 고생하다, 고난, 피곤하다, 괴롭다는 뜻으로 곤란, 곤궁(困窮), 곤경(困境)의 곤 字입니다.

이 괘는 수뢰준, 감위수, 수산건과 더불어 4대 난괘(難卦)의 하나로, 연못은 연못대로 물은 물대로 자기 역할을 하지 못하고 있는 모습이며,

困(곤)의 자획(字劃- 글자를 구성하는 점과 획)을 나누어 보면 위아래와 양면이 꽉 막힌 곳에 있어 자라날 수 없는 나무입니다. 원문에는 有言不信(유언불신- 말을 해도 믿지 않는다) 이라는 말도 있습니다. 자신의 처지나
일, 대인 관계 또는 기혼자라면 부부 관계까지도 나빠지고 있을 것이며

심지어는, 급한 일로 바빠 죽겠는데 엉뚱하게 기차가 가로막는 경우도 있습니다.

몸도 마음도 지쳐만 가는데 돈은 없고, 그나마 마지막 보루(堡壘)가 될
신용마저도 안팎으로 잃어버린 상태입니다. 그리고 남의 말도 쉽게 믿어서는 안 됩니다.

그 어떤 재능과 구상이 있을지라도 지금은 발휘해 볼 수 없을 것입니다.
상처로 가득한 후회와 무력감을 안고, 아무도 없는 어디론가 멀리 사라져버리고 싶은 심정에 빠지기도 합니다.

상전에, 困剛揜也 險而說困而不失其所亨 其唯君子乎(곤강엄야 험이열곤이부실기소형 기유군자호- 곤은 剛강이 가려지는 것이다. 험하나 기뻐하고, 괴로우나 그 형통한 길을 잃지 않는다. 오직 군자만이 그렇지 않겠는가)
라는 말이 있습니다. 쉬운 일은 아니나 겉으로 드러내지 않고 속으로
참고 견디며 의연한 자세로 지내다 보면, 언젠가는 좋은 날을 다시 맞게 될 것이라는 가르침을 따라야 합니다.

남녀 모두, 결혼을 권유할 수 없습니다. 수택절과 반대로, 연못에 있어야 할 물이 자기 자리를 벗어났을 뿐만 아니라, 단전에, 남의 말을 믿으면
곤경에 빠진다 는 말이 있습니다. 직업이나 재산 또는 결혼의 횟수 등 상대가 하는 대부분의 이야기를 액면그대로 믿어서는 안 됩니다.

너밖에 없다는 말 따위에 속아 나의 순정을 바치는 일이 없도록 하여야 합니다. 내색하지 말고, 사실 여부를 조용히 확인해 보기 바랍니다.

48. ䷯ 수풍정(水風井)

상괘 水(수- 물), 하괘 風(풍- 나무)으로 이루어진 이 괘는 물속에 나무가 있는 象인데 이름이 井(정- 우물)입니다. 우물 속에 두레박이 잠겨있습니다. 井(정)은 우물, 우물을 둘러막은 난간, 반듯하다는 뜻으로

井井(정정- 구획이 바른 모양, 사람의 왕래가 끊이지 않는 모양), 井田法(정전법- 땅을 井자 모양으로 9등분해서, 중앙 1개의 수확은 국가에 세금으로 내고 나머지 8개는 개인이 가져가는 제도), 井然(정연- 질서정연한 모양)의 정입니다. 질서정연의 整(정)과 쓰임새가 다르지 않은 글자입니다.

원문에 改邑不改井...汔至亦未繘井 羸其瓶凶(개읍불개정...흘지역미율정 리기병흉- 마을은 고치되 우물은 고치지 않는다...역시 우물물을 담은 두레박줄을 끌어올리지 못한다. 그 두레박을 엎는다. 흉하다) 라는 말이 있는데,
큰 길을 내고 나무도 심고 척박한 땅을 일구는 등의 변화를 꾀하는 것은 좋으나
마을의 가장 중요한 우물의 위치는 바꾸지 않는다는 의미입니다. 우물의 가치는 수도꼭지만 틀면 콸콸 쏟아지는 현대와는 크게 다릅니다.
물을 찾지 못하면 사람 자체가 모여들지 않았을 것입니다.

이런 의미에서, 오랜 기간 해오던 일을 중단한 후 다른 업종으로의 진출을
고민하고 있는 사람이 있다면 그만 두는 것이 좋습니다. 기술 없이

의욕만 가지고 이룰 수 있는 일은 없습니다. 돈과 힘을 낭비하는 도전이 될 것입니다.

노하우를 갖고 있는 지금의 분야를 고수하되, 초심으로 돌아가 시장 전체를 다각도로 들여다보면서 이제까지와는 다른 새롭고 신선한 전략을 연구해야만 합니다.

실패할 것이 뻔한 어려운 길을 가는 일은 피해야할 것입니다. 그동안 물을 긷고 나르며 정(情)이 들대로 들어버린 나의 우물을 떠나서는 안 됩니다. 끈기가 있어야 합니다.

한편 水(수)는 술, 風(풍)은 나무 술잔으로 볼 수 있습니다. 건강을 해치는 일이 없도록 적당하게 조절하는 것이 좋습니다.

그리고 두레박과 우물은 不可分(불가분- 나누려 해도 나눌 수 없음)의 관계입니다.
우물과 두레박 중 어느 하나가 없어지면 나머지는 쓸모가 없게 됩니다.
부부에게 수풍정이 나왔다면 서로가 없어서는 안 되는 관계이기 때문에, 어지간한 일로는 이혼까지 가지 않을 남녀(男女)입니다.

"이 여성과 결혼해도 되겠습니까?"

알뜰한 면이 조금 아쉬우나 본래 그녀가 가지고 있는 매력이 더 가슴에 와 닿는다면 조금씩 이끌어주며 호흡을 맞춰갈 수도 있습니다.

"이 남성과 결혼해도 되겠습니까?"

象傳(상전)에, 군자는 백성을 노력하게 하고 서로를 돕게 한다는 말이 있는데,
이 점이 조금 지나쳐서 어려운 처지에 있는 친구를 보면 자기의 시간과 주머니 사정을 생각하지 않고 도와주는 호인입니다. 다른 조건이나
장점이 마음에 들어서, 이 점을 얼마든지 이해할 수 있다면 결혼하여도 좋습니다.

49. ䷰ 택화혁(澤火革)

이 괘는, 상괘는 澤(택- 연못, 물) 하괘는 火(화- 불)로 이루어져 있습니다.
革(혁)은 가죽 혁, 고칠 혁, 바꿀 혁, 털을 갈 혁, 위독해질 혁 字이며 벗겨진 짐승 가죽을 본뜬 글자입니다.

그 쓰임의 예로는 혁명(革命), 혁신(革新), 개혁(改革), 변혁(變革)이 있는데 이들 4개 단어의 골자는 바꾸는 것입니다. 가죽이 다듬어지고 나서
말안장, 신발, 옷, 활의 과녁, 허리띠(- 革帶), 채찍 등 본래의 모습과는 전혀 다른 물건으로 바뀐다고 해서 고친다, 바꾼다는 뜻이 더해졌을 것이라는 생각이 듭니다.

革(혁)은 주위의 환경이 바뀌어 가는 때에 잘 나오는 괘이며 또한 그 추세를 거스를 수도 없습니다.

긍정적인 변화는 상관이 없겠으나 부정적인 것이라면 좋을 수가 없습니다.
이미 모종의 변화를 감지하고 있거나 아직은 오지 않았지만 임박한 경우가 많을 것입니다. 개인적인 것이든 조직의 일이든 상식의 선에서 생각해 보거나, 아니면 판단하기 어려운 주요 사안 몇 가지를 추려서
괘를 내보면 내가 취해야할 임기응변의 기준과 방향을 알아낼 수 있습니다.
사소한 것들을 제외하고는, 바뀌거나 개혁을 하는 것이 더 좋은 결과를 가져오는 일이 많을 것입니다. 원문에, 悔亡 有孚改命吉(회망

유부개명길: 후회 없으리라. 정성스러운 마음으로, 지금까지 행하여 온 일
-命. 을 바꾸면 길할 것이다) 이라는 말이 있습니다.

그리고
革(혁)에는 위독해진다는 뜻도 있는데 혹, 나 자신을 포함해서 가족 중에 환자가 있다면 상태가 악화될 수 있으니 이젠 정말 별 도리가 없는 건지,
장기 복용으로 인한 부작용은 없는지, 이게 최적의 처방인지 등을 반드시 살펴보아야만 합니다.
손 놓고 사단이 생기고 난 후에, 울면서 탄식하는 일은 없어야 할 것입니다.

혼담에 있어서는, 澤(택- 물)과 火(화- 불)가 나란히 함께 있다는 점에서
성격이 크게 다른 사람들의 만남이라고 볼 수 있습니다. 상대를 너무나 좋아해서
그 비위를 다 맞춰줄 수 있다고 자신한다면 모를까, **남녀 모두 이 결혼은 권유하기가 어렵습니다.**

단, 두 사람이 모두 재혼(再婚)의 경우라면 초혼 때는 생각하지 못했던 양보와 이해를 주고받으면서 편안한 결혼 생활이 이어질 것입니다.

한편, 象傳(단전)에 湯武革命(탕무혁명- 탕왕과 무왕이 혁명을 일으키다)이라는 말이 있습니다.

50. ䷱ 화풍정(火風鼎)

이 괘는 상괘 火(화), 하괘 風(풍)으로 이루어져 있으며 나무에 붙은 불
또는 바람이 들어가 세게 타오르는 불의 象(상)입니다. 솥 모양을 본뜬 글자인
鼎(정)은 솥 정, 왕위(王位) 정, 대신(- 영의정 좌의정 우의정의 三公 / 솥의 세 발) 정, 바야흐로 정 字이며 그 쓰임의 예로는 정담(鼎談- 세 사람이 마주 앉아서 하는 이야기), 정신(鼎新- 혁신함), 정혁(鼎革- 혁명)이 있습니다.

여기서의 솥(- 鼎)은 하나라 우왕이 구주(九州)의 금속을 모아 만든 세 발 달린 9개의 솥이며, 왕위 전승의 의미를 지닌 보기(寶器)로 세 개의 발을 가졌기 때문에 왕을 보좌하는 삼공(三公- 세 명의 대신) 에 비유하기도 하는데,

누군가에게 이 괘가 나오면 실제로 그를 포함한 3인이 자금과 뜻을 모아
사업을 추진하려는 때에 있거나, 이미 2권의 책을 출간했는데 이어서
세 번째 작품을 진행 중인 경우도 있습니다. 솥발이 1~ 2개가 없으면 기울지만,
3개의 발이 갖춰지면 안정적이고 뛰어난 風味(풍미)를 낼 수 있다는 의미와 통합니다.

솥을 빙 둘러앉아 맛있는 술과 음식을 같이 먹으며 나누는 鼎談(정담)은,

절충 양보 협력의 과정을 순조롭게 거치며 그 자리의 모두가 만족하는 윈윈(win-win)의 결과를 만들어낼 수 있을 것입니다. 바야흐로,
도약할 기회가 왔습니다. 물이 들어올 때 노를 힘차게 저어야 합니다.
위에 언급한 鼎新(정신- 혁신함)을 염두에 두고, 새롭고 신선한 마케팅으로 시장을 흔들며 일로매진하여야 할 것입니다.

"이 여성과 결혼해도 되겠습니까?"

마음 편하게 일할 수 있도록, 부드러운 내조와 함께 집안의 일을 잘 해낼 여자입니다. 좋은 혼담입니다.

"이 남성과 결혼해도 되겠습니까?"

鼎(정)이 세 발 솥과 大臣(대신)의 뜻이 있다는 점에서 따뜻하고 조화로우며, 관록과 실력을 겸비한 인물일 것입니다.

51. ䷲ 진위뢰(震爲雷)

雷(뢰 ☳)는 음 2개와 양 1개로 이루어져 있는데, 구름 속의 음전하와 양전하를 떠올릴 수 있습니다. 무거운 성질의 음(--)과 이를 뚫고 나가려는 양(—)이 격한 충돌을 일으키며 내는 소리가 雷聲(뇌성)입니다.

원문에, 천둥이 치니 두려워한다. 하하- 하며 웃는다는 말이 있습니다.
꽈르릉 하고 하늘을 무너뜨리듯 울리는 천둥소리에 두려워하다가, 해로운 일이
생기지 않은 것을 알고 서로 쳐다보면서 하하- 하고 웃는 모습을 표현한 것입니다.

이어서 震驚百里不喪匕鬯(진경백리불상비창- 천둥이 백리를 놀라게 하나 숟가락과 술잔을 놓치지 않는다)
이라는
글이 나오는데, 삼국지의 유비가 우레 소리에 놀란 척 술잔을 떨어뜨리고 천하를 도모할 수 없는 못난 모습을 보이면서, 조조의 무서운 칼날을 피해가는 장면은, 여기에서 그 아이디어가 나왔을 것입니다.

雷(뢰)에는 장남, 움직임, 빠름, 수레, 비행기, 용(龍), 분방 外에 놀람, 신경질의 의미도 있습니다.
이 괘가 나오면 크게는, 놀라서 눈이 돌아갈 정도의 사건과 맞닥뜨릴 수 있으나
천둥소리와 같이, 물질적인 피해는 입지 않을 것이며, 사업의 측면

에서는 어떤 일을 떠들썩하게 벌려보아야 그 결과가 빈약할 것입니다. 따라서 현재의 상태를 어떻게 잘 유지하느냐에 집중하는 것이 좋습니다.

그러나 이미 시작하여 진행 중인 사안이 있다면 기대만큼의 실적이 나오지 않아 스트레스를 받으며 점차 예민해져 가고 있을 때입니다. 연착륙을 위해
최선의 노력을 기울이면서 향후의 치밀한 계획과 전략을 세워 두어야만 할 것입니다.

혼담은 남녀 모두 열렬하게 대시(dash)는 하나, 상대의 마음을 사로잡지는 못할 것으로 보입니다.

한편, 雷에는 천둥과 그 분위기가 유사한 격정(激情- 격렬하고 갑작스러워 억누르기 어려운 감정)의 의미도 있는데, 우여곡절 끝에 결혼했다고 하여도 둘 다 격한 면이 있어서 사이가 원만하지는 않을 것입니다.

그러나 두 사람이 재혼의 입장이라면, 초혼의 경험으로 행복한 결혼생활을 하게 될 것입니다.

52. ䷳ 간위산(艮爲山)

山(산)은 메 산, 산신(山神) 산 字입니다. 산이 2개가 연이어 있는 모습이 첩첩산중을 떠오르게 합니다.

산을 힘들게 넘고 나니 또 산이 있습니다. 배도 고프고 어디 쉬어갈 곳도 없습니다.
빨리 가려는 욕심으로 걸음을 재촉했는데 이제 날은 어두워지고 오도 가도 못하게 되었습니다. 멈춰야할 때를 외면하고 지나친 결과입니다.
부동(不動- 움직이지 않음), 정지(stop)의 의미가 있는 산이 가로막고 있는데 고집스럽게 강행하다 난관에 봉착한 것입니다.

단전에, 움직이고 멈추는 것이 그 때를 잃지 않으니 그 도가 밝게 빛난다...위와 아래가 적응(敵應- 모든 괘의 각 爻는 밑에서부터 1 2 3 4 5 6효 인데
1, 4 / 2, 5 / 3, 6의 자리에 서로 반발하는 음음, 양양이 자리하는 것) 하니
서로 함께 하지 못한다. 이런 까닭에 그 몸을 인정받지 못한다 는 말이 있습니다.

인생사, 좋은 일만 있을 수도 나쁜 일만 계속되지도 않을 것입니다. 낱낱의 일에,
진퇴가 적기에 이루어지기만 했다면 유난히도 나만 불행하다고 느끼는 사람은 거의 없었을 것입니다.

한편, 산에 부동(不動- 움직이지 않음)의 의미가 있다는 점에서, 현금

이 아닌 부동산 관련 운은 좋습니다.

일반의 일은 현재의 상태를 어떻게 유지할 수 있느냐 에만 집중해야 합니다.
새로운 거래는 순조롭게 진행되지 않을 것입니다. 이 괘는, 음과 양이 짝을 이루고 있지 않을 뿐만 아니라, 상대의 등만 바라보고 있는 모양입니다.

누군가와 함께 얽혀서 살 수밖에 없는 세상을, 얼굴을 마주하지 못하고 살아가는 것을 경계하고 있습니다. 돈은 물론이고, 어쩌면 알고 지내던 사람들과 멀어지고 이제껏 지켜온 명예까지도 잃어버리게 될지 모릅니다.
象傳(상전)에, 군자는 이 괘를 보고 그 자리에서 나아가지 않을 것을 생각한다는 말이 있습니다.

혼담에 있어서는,

1) 남녀 모두 상대를 지금 처음으로 만난 경우라면 좋지 않으며 - **현재의 미혼 상태에서, 그대로 있어야 함 (不動)**

2) 이미 예전부터 오래 만나온 사이라면 좋은 혼담입니다 - **그간 알고 지내온 관계에서, 벗어나지 않아야 함 (不動)**

"이 여성과 결혼해도 되겠습니까?"

山(산)에는 독실(篤實)의 의미도 있는데, 인정이 많고 모든 일에

성의를 가지고 열심히 임하는 여자입니다.

"이 남성과 결혼해도 되겠습니까?"

山(산)에는 아들, 정지, 부동 외에도 저축, 고집의 의미가 있습니다.
완고한 성격을 가졌으나, 인생을 허비하지 않고 살아가는 사람이며 어디를 가든 옆에 있으면 산(山)처럼 의지가 되는 남자입니다.

53. ䷴ 풍산점(風山漸)

漸(점)은 나아갈 점, 차차 점, 자랄 점, 차례 점, 흐를 점 字이며 그 쓰임의 예로는 점점(漸漸), 점진(漸進- 차차 나아감), 점차(漸次), 점층법,
점입가경(漸入佳境- 갈수록 점점 더 좋거나 재미가 있음) 등이 있습니다.

이 괘는 1~ 6효까지 물가로 바위로 뭍으로 옮겨가다, 언덕을 날고 창공으로 고도를 높이며 대륙으로 비행하는 기러기를 묘사하고 있습니다.
한 단계씩 순서를 밟아가는 기러기의 모습으로, 일을 하면서 절차와 순리를 따라야 함을 가르쳐주고 있습니다. 한 줌의 눈을 살살 굴리면서
점점 더 살이 붙어가고 단단해졌을 쯤에야 속도를 올리며 눈사람을 만들어 내듯,

지금은 한 걸음 두 걸음 천천히 나아가야 할 때입니다. 수직이착륙은 실패를 부를 것입니다.

한편, 風(풍)에 바람, 장사꾼, 기자, 장녀 외에 나무의 의미가 있다는 점에서
나무가 2개인 손위풍과 달리, 산에 나무 한 그루가 심어진 모양으로 볼 수 있습니다.

이제 처음으로, 상쾌한 바람과 햇볕을 받으며 큰 나무로 자라날 수 있는 기초가 마련된 것입니다. 그간의 땀 흘린 노력이 헛되지 않도

록 바닥을 하나하나 다져가며 점진적(漸進的)인 성장을 도모해야 합니다.
서두르면 애초에 바라던 목적을 달성할 수 없을 것입니다. 1층을 날림으로 짓고 2층을 올리려는 것과 같습니다.

혼담은, 기러기는 암수 간 사이가 아주 좋은 새인데 원문에 其羽可用爲儀吉(기우가용위의길- 그 깃은 만인의 의표가 되는 이에게 쓰인다. 길하다)
이라는 말이 있습니다.

순조 9년, 憑虛閣(빙허각) 이씨는 규합총서에서, 기러기는 앞에서 울면
뒤에서 화답하고 짝을 잃으면 다시 얻지 않으니 禮(예)와 節(절)을 상징한다고 이야기하고 있으며,

옛날의 혼례에는 신랑이 신부의 집에 도착해서 나무기러기를 주는 절차가 있었습니다.

남녀 모두, 아주 좋은 상대와 만나고 있습니다. 서로를 더없이 사랑하고 아끼게 될 것입니다.

54. ䷵ 뇌택귀매(雷澤歸妹)

원문에, 帝乙(제을- 대략, BC 1600~1046 商상나라 30代 군주)이 누이 동생을 시집보낸다는 말이 나오는데 여동생을 시집보내는 오라버니의 걱정과
고심(苦心)을 엿볼 수 있는 대목들이 있습니다. 妹(매)는 누이동생, 歸(귀)는
시집갈 귀, 돌아갈 귀, 물건을 보낼 귀, 끝낼 귀 字입니다.

4효와 단전에 시집가는 때가 늦어진다
/ 天地천지가 어울리지 않으니 만물이 일어나지 않는다는 말이 있습니다.
귀매는 당면한 일이 계획대로 진행되지 않고 늦어지게 되는 때에 흔히 나오는 괘입니다. 그 과정이 차일피일 미루어지면서 신경이 예민해질 수밖에 없고 거래 관계자와 분쟁(紛爭)이 일어나기도 합니다.
창문틀을 고치는 사소한 작업조차도 약속한 날에 끝나지 않아 뭔가 순조롭지 않다는 느낌이 저절로 들게 됩니다.

象傳(상전)에, 시집보내는 일을 어그러뜨린 뜻은 좋은 자리가 있을 때까지 기다렸다가 보내려는 데에 있다 라는 말이 있습니다.

"이 여성과 결혼해도 되겠습니까?"

雷(뢰)에는 분방(奔放- 규율이나 틀에서 벗어나 거리낌 없이 행동함) 의 의미도 있는데,

그런 스타일의 남자를 따르는 여자로 보입니다. 아무래도 살림을 잘 해낼 차분한 성격은 아닌 듯합니다. 하지만 너무 예쁘고 탐이 나서 이런 점을
모두 다 감당해 낼 수 있다고 자신한다면 한 번 생각해 볼 수는 있겠습니다.

"이 남성과 결혼해도 되겠습니까?"

雷(뢰)는 천둥 외에 장남 / 澤(택)은 연못 외에 소녀의 의미가 있는데,
어린 여자가 남자를 따르는 모습입니다.

여기에서 주의해야 할 점은 이 여자가, 혼담의 당사자인 나를 의미하지 않고,
예전부터 지금에 이르기까지 상대 남성과 만나오고 있는 여성이라는 것입니다.
내색하지 말고 조용히 알아보기 바랍니다. 단전에, *시집*을 가면 흉하다. 그 자리가 不當(부당- 이치에 맞지 않거나 당치 않음) 하다 는 말이 있습니다.

분명하고 확실한 정리가 이루어지지 않은 상태로 결혼할 수는 없습니다.

商人*(상인)*이라는 단어는, 상나라 사람들이 나라가 망한 후 먹고살기 위해서 전국 각지를 돌아다니며 장사를 한 것에서 由來*(유래)*합니다.

55. ䷶ 뇌화풍(雷火豊)

豊(풍)은 풍년 풍, 넉넉할 풍, 성대할 풍, 두터울 풍 字입니다. 언뜻 좋아 보이나, 아쉽게도 괘가 나온 그 시점의 상황을 가리키는 것입니다.

이 괘는, 상괘는 雷(뢰- 우레) 하괘는 火(화- 번개)로 이루어져 있어 곧 번개와 우레가 치면서 비가 내리고 날이 어두워지게 될 것을 짐작할 수 있으며

彖傳(단전)의, 해는 중천에 오르면 기울고 달도 차면 이지러진다. *모름지기 천지의 차고 비는 이치는 때와 함께 자라다가 없어지는 것이다. 하물며 사람은 어떠하겠는가 또 귀신은 어떠하겠는가* 라는 말에서,
시간이 얼마 지나지 않아 맞게 될 불안한 처지를 예측할 수 있습니다.
하늘의 해는 이미 그 힘을 잃어가고 있을 것입니다. 따라서 새로운 일들은 외면하고,
진행 중인 사안은 서둘러 마무리 지으며 곧 다가올 변화에 대비하여야만 합니다.

그러나 *豊(풍)이 그 때 그 시각의 모습을 가리킨다는 의미에서*, **문화 예술 등의 결과물은 시간과 관계없이 이름 그대로 풍요롭습니다.**

전부터 이어져온 남녀 간의 사랑도 이와 다르지 않습니다. 지금은 관계가 좋다고 할지라도 언제 헤어지게 될지는 알 수 없습니다. 지금의 혼담은,

원문의 豊其沛 日中見沫(풍기패 일중견매- 비가 줄기차게 내린다. 시각은 한낮이나 짙은 어두움을 본다) 라는 문구에서, 겉으로는 풍요로운 듯 보이나
내면은 그렇지 않다는 것을 감지해야 할 것입니다. 상대를 소개한 이의 이야기가 아무리 그럴 듯해도

실제로는 다를 것입니다. 내색하지 말고 자세히 살펴보아야만 합니다.

상전의 不可大事也(불가대사야- 큰일을 벌려서는 안 된다)는 바로 이와 같은 일을 두고 경계하고 있는 것입니다. **남녀 모두 다른 사람을 찾아보는 것이 좋습니다.**

56. ䷷ 화산려(火山旅)

이 괘는 상괘는 火(화) 하괘는 山(산)으로 이루어져 있으며, 려(旅)
는 나그네 려 字입니다.
西山(서산) 옆으로 난 굽은 길을 따라, 힘을 잃은 해 그림자를 밟으
며
한 나그네가 터벅터벅 걷고 있습니다. 일상에서 벗어난 여행길은 즐
겁기도 하지만 한 며칠 이곳저곳을 옮겨 다니다 보면 어쩌다 집 생
각이 나면서 쓸쓸해지기도 합니다.

旅(려)는, 직장의 성격이나 기타의 이유로 어쩔 수 없이 거처를 자
주 옮기게 되는 사람에게 잘 나오는 괘입니다.

새로운 환경에 적응해 가고 추진하는 일이 한창일 때는 느끼지 못
하나,
시간이 가면 갈수록 아무도 없는 밤에 혼자 있기 싫어서 누군가를
붙잡고 술을 먹거나 아니면 기어이 자작(自酌- 혼술)이라도 하고 맙
니다.
인생도처유청산(人生到處有靑山- 어느 곳에나 푸른 산이 있다) 이라는
말이 있다고는 하나 그 경지의 마음을 유지한다는 것은, 누구에게나
쉬운 일은 아닙니다.

기나긴 시간을 가족들과 떨어져 지낼 수밖에 없는 처지의 사람은
더욱 그럴 것입니다. 달리는 車(차)도 걸어가는 사람도 하나 없는
길을 보면서 외로움을 타기도 하고 어쩌다 들이키는 술과 함께 자
기의
人生流轉(인생유전- 지금까지 살아오는 동안 겪었던 이런저런 변화) 을

돌아보기도 합니다.

이때 문득 알게 되는 이성이 있다면, 가벼운 대화가 오가는 불과 몇 분이 안 되는 사이에 마음이 흔들릴지도 모릅니다.

이런 흐름에서, 旅(려)는 이(利)를 추구하지 않으면서 마음을 편안하게 해주는
정신적인 측면- 학문 연구 취미- 에서의 자연스러운 교감이 있어 온 사람들에게는 서로가 좋은 인연이 될 수 있으나,

천편일률로, 경제력이나 사회적 지위 등의 물질적인 면을 우선시하는,
일반적인 맞선과 같은 혼담(婚談)에서는 그다지 좋다고 할 수 없습니다.

한편, 火(화- 소녀보다 조금 위의 나이, 막내딸이 아닌 女) 와 山(산- 소년, 막내아들)의 의미로 보았을 때, 나이 차이가 나는 상대일 경우가 많습니다.

그러나 연령차는 결코 사랑의 감가요인이 될 수 없습니다. 여인의 섬세하고 따뜻한 사랑이
정처 없는 나그네의 허전한 가슴을 5월의 햇살과도 같이 채워줄 것입니다.

57. ䷸ 손위풍(巽爲風)

상괘, 하괘가 모두 風(바람)으로 이루어진 괘인데 상전에 隨風巽 君子以申命行事(수풍손 군자이신명행사- *바람이* 바람을 따르는 것이 巽 손이다. 군자는 이로써, 명령을 반복하며 일을 행한다) 라는 말이 있습니다.

일을 하다보면, 타인에게 나의 요구 조건을 밝혔으나 나중에 가보면 다른 형태로 진행되고 있는 사고가 발생하기도 합니다. 언제 그랬냐고 하면서
자신의 잘못을 인정하지 않는 상대와 다퉈봐야 별 소득이 없습니다.

이 괘가 나오면, 이런 분하고 어처구니없는 사태를 十分(십분) 경계하여야만 합니다. 처음 얘기하고 그 다음 날 다시 한 번 분명하게 확인하여야만 치졸(稚拙- 유치하고 졸렬함)한 속임수에 당하지 않을 것입니다.
그리고 바람이 스며들지 못하는 곳은 어디에도 없다는 의미에서 일상의 생활에서는 도둑을 주의하여야 합니다.

끝으로 혼담(婚談)의 경우에는, 갈 곳 없이 이리저리 부는 바람처럼
'이 사람일까? 아닐까?'
하며
연애, 결혼 모두 결정짓지 못할 것입니다. 상전에, 進退 志疑也(진퇴 지의야- 나아갔다 물러났다 한다. 그 뜻이 의심스럽다) 라는 말이 있습니다.

"이 여성과 결혼해도 되겠습니까?"

손위풍의 巽(손)은 부드러울 손 字이며 風(풍)은 바람 외에 여인의 의미가 있습니다. 상대는 부드러운 성품의 좋은 여자입니다.

"이 남성과 결혼해도 되겠습니까?"

좌판(坐板- 팔기 위하여 물건을 늘어놓는 널조각 ☰) 2개가 나란히 붙어 있는 象(상)으로 보아
상대는 판매 영업이나 사업에 상당한 수완이 있는 좋은 남자입니다.

알고 보면 서로 잘 맞는 상대인데, 쉽게 정해지지 않고 있습니다. 시간만 무의미하게 흘러갈 것 같습니다. 분명하고 변함없는 사랑을 이어왔어도, 결혼 후의 행복(幸福)을 기대하기 어려운 때가 있습니다.

58. ☱ 태위택(兌爲澤)

이 괘는 2개의 입이 나란히 붙어있는 象입니다. 兌(태)는 기뻐할 태, 모일 태, 바꿀 태 字인데
여자, 소녀, 말수가 많음, 웃다, 기뻐하다 등의 의미가 있습니다. 말이 쓸데없이 많은 사람 또는 수다를 떨며 웃고 있는 두 여자의 이미지가 떠오릅니다.

누구나 말을 하다 보면 자기도 모르게, 하지 않아야 할 말을 실수로 하는 경우가 있는데, 말수가 많은 사람은 더할 것입니다. 말이 많지 않으면서 실천(實踐)이 앞서는 사람들이 주위의 평판(評判)이 좋습니다.

단전에, 說以先民民忘其勞 說以犯難民忘其死(열이선민민망기로 열이범난민망기사- 기쁜 마음으로 백성보다 앞장서면 백성은 그 일의 수고로움을 잊고,
기쁜 마음으로 어려운 일에 먼저 다가서면 백성은 그 일에 죽음을 두려워하지 않고 몸을 던진다)
라는 말이 있습니다.
폐지로 가득한 리어카를 끌고 비탈길을 지그재그로 오르던 할머니가,
땀 흘리며 밀어주는 청년을 보고 환하게 웃으면서 힘을 내는 것도, 그 비근한 예일 것입니다.

"이 여성과 결혼해도 되겠습니까?"

澤(택- 입)이 두 개라는 점에서 웃음 많은 소녀, 재잘재잘 이야기하는 여자들을 떠올릴 수 있습니다. 대체로 전화통화가 길고 밖에서 누군가와 만나 대화하는 걸 아주 좋아하는 사람입니다. 그녀의 인간관계는 넓은 편이나, 말이 너무 많으면 손해를 보는 일도 많습니다. 우리들 누구나
길고 긴 이야기를, 다 끝날 때까지 내내 참고 견디며 들어주었던 상대가 간혹 있었을 겁니다. **이 점이 마음에 걸립니다.**

단, 입(口)과 관련된 직업- 가수, 앵커, MC, 통역(通譯) 등- 을 가진 여자라면 좋습니다.

그리고 **나와 상대가** 모두 초혼의 실패를 겪은, **재혼의 입장이라면 서로 배려할 줄 아는 좋은 부부 관계가 만들어질 것입니다.**

"이 남성과 결혼해도 되겠습니까?"

澤(택- 여자)이 두 개라는 점에서 이 사람은 여성들의 인기를 끄는 스타일입니다.
말재간이 있는 편이나 너무 다변(多辯- 말수가 많음) 입니다. 말은 때때로,
화(禍)를 부르는 원인이 되기도 합니다. 그 외에는 위 여자의 케이스와 거의 같습니다.

그는 밖에서 즐거운데, 나만 혼자 집을 지키며 지내는 시간이 많아지게 될지도 모릅니다.
澤(택)에는 입과 연관이 있는 불평, 언쟁(言爭- 말싸움) 등의 복선이 깔려 있습니다. 상대가 역지사시(易地思之- 서로의 처지나 입장을 바

꾸어 생각함) 의 자세를 갖지 않는다면 시간이 갈수록 쌓이는 불만으로 부부싸움이 일어날 것만 같습니다.

단, 입(口)과 관련된 직업- 가수, 앵커(anchor), MC, 通譯(통역) 등 -을 가진 남자라면 좋습니다.
澤(택) 괘가 나온 까닭이 말이 잡다하게 많은 탓이 아니라, 직업에 그 원인이 있다는 이유에서입니다.

그리고 나와 상대가 다 **재혼을 하려는 경우라면, 한 번씩 실패한 경험으로 서로를 아끼고 이해하는 지혜로운 부부(夫婦)가 될 것입니다.**

59. ䷴ 풍수환(風水渙)

渙(환)은 상괘는 風(바람), 하괘는 水(물)로 이루어져 있으며 바람이 물 위로 부는 모양의 괘입니다.
시원한 바람이 부는 파란 강을 보고, 싫다고 할 사람은 없을 것입니다. 우울하거나 마음이 편치 않았던 사람들조차도 가슴이 툭 트이는 상쾌한 기분을 갖게 됩니다. 왠지 좋은 일이 생길 것만 같은 괘인데,

원문에, 用拯馬壯(용증마장- 구원하는 말이 건장하다) 이라는 말이 있습니다.
삼국지에 나오는, 채모(蔡瑁)의 추격을 피해 달아나는 유비를 태우고 수십 길의 단계(檀溪)를 뛰어넘은 적로마(駒盧馬- 이마에 흰 점이 박힌 말) 와 같은 名馬(명마)를 가리킵니다. 의기소침해 있는 나를 이끌어주거나 지원해주는 힘 있는 인물을 실제로 만나게 될 것입니다.
이제 심기일전하여 앞일을 도모하여야할 때가 왔습니다. 단전에, 나무로 배를 만들어 큰 강(川)을 건너면 이롭다는 말이 있습니다.

渙(환)은 흩어질 환, 풀릴 환, 녹아 없어질 환, 찬란할 환 字입니다.
원문에
渙其群元吉 有丘 匪夷所思(환기군원길 유구 비이소사- 그 생각이 바르지 않은 무리를 흩어뜨린다. 크게 길하다. 흩어뜨린 것들이 언덕을 이룬다. 보통 사람들의 생각이 미칠 바가 아니다 / 有유.. 생길 유, 일어날 유)

渙汗 其大號渙 王居 (환한 기대호환 왕거: 널리 백성을 구제하고자 心力심력을 기울이던 끝에 땀을 훔지녀(- 渙汗) 그 치령(- 임금의 명령. 大號)

으로 천하의 분위기를 바꾸고(- 渙), 왕의 자리에 임한다)라는 말이 있습니다.

위 문장의 끊어 읽기를 달리하여 「汗其大號(한기대호) 를, 흘리면 몸속으로 되돌릴 수 없는 땀과 같은 지엄한 王命왕명」으로, 사자 숙어와 같이 해석하는 것은 시간을 두고 다시 생각해봐야 할 것 같습니다.

남녀 모두 매우 바쁘고 부지런하며, 생각이 바르고 맡은 바 책임을 다하는 성품의 인물들에게 잘 나오는 괘입니다.

"이 여성과 결혼해도 되겠습니까?"

모든 일을 잘 해내는 결단력을 가진 여자입니다. 뭇 남성들과 어깨를 나란히 하는 능력자입니다.

"이 남성과 결혼해도 되겠습니까?"

자기의 일에 온 힘을 쏟아 붓는 의지의 인물입니다. 그 모습이 또 다른 여인의 마음을 흔들고 있을지도 모릅니다. 좋은 혼담(婚談)입니다.

60. ䷻ 수택절(水澤節)

節(절)은 마디 절, 절개 절, 때 절, *알맞게 조절할 절* 字이며 절약, 절제, 절도 등의 글자로 쓰입니다.
그 뜻이나 쓰임새로 봤을 때 몇 가지 생활습관이나 기타의 것들이 어느 정도 조절(調節)이 요구될 것으로 짐작해 볼 수 있습니다.

원문에 不節約則嗟若(부절약즉차약- 절약하지 않은 것을 탄식한다), 苦節貞凶(고절정흉- 절개를 괴롭게 지킨다. 흉하니 마음을 바르게 가져야 한다)
이라는 말이 있습니다. 여기서의 절개는 술, 카페인, 담배와 같은 중독성이 있는 것들과의 접촉이나 외골수로 몰두하는 어떤 일들을 가리킵니다.

과도한 지출이나 탐닉은 살림과 건강을 축내기도 하며 이미 추진해 온 사업에 나쁜 영향을 끼칠 뿐만 아니라 망하게 할 수도 있을 것입니다. 이런 흐름에서 치통이나 위장의 장애를 주의하여야 합니다.

혼담의 경우,
상괘 水(수)는 물, 액체, 피, 독, 근심, 술 / 하괘 澤(택)은 입, 위, 연못, 계곡, 옥문의 의미가 있는데, 남녀관계로 한정했을 때의 수택절은
玉門(옥문- 여자의 **를 완곡하게 표현한 말) 에 물이 가득한 모양(象)입니다.

두 사람의 성생활(性生活)은 더없이 만족할 만큼 좋을 것입니다. 그러나

이것 또한 괘 이름 節(절)에 맞추어 그 수위를 적당한 수준으로 제어(制御- 억눌러 다스림)하는 것이 필요합니다.

"이 여성과 결혼해도 좋겠습니까?"

살아갈수록 깊은 情(정)을 느끼게 하는 좋은 사람입니다. 금슬이 좋은 부부가 될 것입니다.

"이 남성과 결혼해도 좋겠습니까?"

술을 가까이 하는 면이 있으나 마음이 선량한 남자입니다. 아주 좋은 혼담입니다.

61. ䷼ 풍택중부(風澤中孚)

孚(부)는 어미 새가 자기의 알을 정성스럽게 품고 있는 모양- 爪(손톱) + 子(새끼)- 의 글자이며, 알이 까지게 하다(- 孚化/ 孵化) 라는 뜻이 있습니다.

따라서 中孚(중부/ 中- 충심 중, 바를 중, 가운데 중)는 자식을 키우는 것과 같이
더없이 정성스러운 마음을 기울이는 것을 의미합니다. 단전에는, 豚魚吉 信及豚魚也(돈어길 신급돈어야- 돼지와 물고기도 길하다 함은 정성스러워서 믿음이 돼지와 물고기에게까지 미쳤다는 것이다) 라는 말도 있습니다.

괘를 잘 보면, 입(- 澤) 2개가 맞닿아 있는 키스하는 모양인데 이름이 중부(中孚)입니다. 진심으로 아끼고 사랑하는 순정의 입맞춤으로 볼 수 있으며,

윌리엄 셰익스피어의 로미오와 줄리엣이나 1939년 1월부터 매일신보에 연재되었던 박계주 선생 作 순애보(殉愛譜)의 문선과 명희와 같은,
그 어떤 사회적 가치나 통념(- 일반 사회에 널리 퍼져있는 생각)에도 흔들리지 않는 지고지순한 사랑을 보여주는 남녀에게 잘 나오는 괘입니다.
서로를 향해 있는 이들의 일편단심을 되돌릴 방법은 이 세상 어디에서도 찾을 수 없습니다.

누구나 살아오면서 한번쯤은 그려보았을, 순정파들이 한없이 깊은

애정과 가슴 떨리는 사랑을 내포한 卦(괘)라고 할 수 있을 것입니다.

남녀 모두, 나를 향한 상대의 진심(眞心- 中孚)을 믿고 결혼을 승낙하는 것이 좋습니다. 주저하다 자칫 놓칠 수도 있습니다.

62. ䷽ 뇌산소과(雷山小過)

小過(소과)는, 상괘 雷(뢰)와 하괘 山(산)이 등을 지고 있는 모습입니다.
나와 누군가의 신경질적인 기질(- 雷)과 완고한 성격(- 山)이, 시비(是非)나 분쟁을 일으킬 수 있다는 것을 짐작하게 합니다. 이 싸움을 피하기 위해서는 아무래도 좀 더 예의를 갖춘 언행이 필요할 것입니다.

象傳(상전)에 ...君子以行過乎恭 喪過乎哀 用過乎儉 (...군자이행과호공 상과호애 용과호검- ...군자는 이로써 행동은 더 공손하게 하고, 喪事(상사)는 더 애통해 하고, 씀씀이는 더 검소하게 한다) 이라는 말이 있습니다.

그리고 過(과)는 (상식의 선에서) 지나칠 과, 과실(過失) 과 字입니다.
주위를 차분하게 돌아보면 상식의 선을 넘어 조금 지나친(- 小過) 것들을 발견할 수 있을 것입니다. 따라서 이 괘가 나오면 상전의 飛鳥以凶 不可如何也(비조이흉 불가여하야- 날아오르는 새가 있다. 흉하다 함은, 해서는 안 되는 일을 어찌 하려느냐는 것이다) 라는 가르침에 따라,
애써 새로운 일을 시도하기 보다는 먼저 내부의 문제점을 개선하고 해결하는 데에 집중하면서

지금의 목표가 나의 기반이나 실력에 비해 다소 높게 잡혀있는 것은(- 小過) 아닌지 다시 한 번 살펴보아야 할 것입니다.

雷(뢰)에는 우레 외에 움직임, 빠름, 수레, 龍(용), 비행하는 것, 말(馬), 굉음, 미사일 등의 의미가 있는데 이 괘를 옆으로 돌려놓으면 두 개의 물건이 접촉한 모양입니다.
비행기나 차가 산과 충돌하는 장면을 떠올릴 수 있습니다. 당분간, 해외로의 여행과 차량을 이용한 외출은 하지 않는 것이 좋을 것입니다.

한편, 3효에 불과방지(不過防之- 지나가지 못하게 막는다)라는 말이 있습니다.
신병교육대의 훈련병이 초소근무병으로 배치 받게 되는 경우에 잘 나오는 괘입니다.

혼담은, 원문에 可小事吉 不可大事(가소사불가대사- 작은 일은 해도 좋으나
큰일은 해서는 안 된다)는 말이 있습니다. **남녀 모두, 상대와 맺어지기 어려우며 또한 그다지 좋은 인연도 아닙니다.** 선택의 基準(기준/小過)을 살짝 낮추어 보는 것도 지혜로운 방법이 될 수 있을 것입니다.

63. ䷾ 수화기제(水火旣濟)

모든 괘의 각 爻(효)는, 밑에서부터 위로 1 2 3 4 5 6 爻(효)이며, 홀수 1 3 5 는 하늘의 수, 짝수 2 4 6은 땅의 수라고 합니다. 이 괘는
1, 3, 5 양의 자리에 양(—)이
2, 4, 6 음의 자리에 음(--)이 바르게 자리하고 있을 뿐만 아니라 1, 4 / 2, 5 / 3, 6 의 음과 양이 각각 1대 1로 正應(정응)하고 있습니다.

남녀 모두, 결혼을 전제로 만날 수 있는 좋은 혼담입니다.

旣(기)는 이미 기, 벌써 기, 다 마칠 기 字입니다. 기제(旣濟)가, 이미
일이 이루어진 상태를 말한다는 의미에서, **오랜 기간 교제를 이어온 사람들이라면 지금 결혼식 준비에 들어가도 좋으며,**

만난 지 얼마 되지 않는 사이라면 첫 만남부터 서로 호감을 가졌을 것이나 평소 자기의 사고방식과 행동에 안정감을 느끼고 있던 두 사람이,
새로운 관계를 만들어 가는 과정에 각자의 마음의 균형을 유지하는 것이 어려울 수도 있을 것입니다. 지금은 교감이 오가는 최적의 상태이나
어느 정도의 시간이 흐르고 나면 '설마'하는 느낌의 균열이 조금씩 올 수 있습니다.

세상에 변하지 않는 것은 없습니다. 원문의 초길종란(初吉終亂- 처음에는 좋으나 나중에는 어지러워진다)
이라는
말을 잊지 말고 따뜻한 배려와 사랑으로 늘 부드러운 조화를 꾀하여야 합니다.

일이나 사업도 이와 다르지 않습니다. 초기에는 별 어려움 없이 진행되어 가다 점차 관련된 사람들과의 의견 차이로 차질이 생기게 되는데,
돈과 직결되기 때문에 절충이나 타협 또는 관계의 개선이 매우 어려울 것입니다.

따라서 새로운 분야로의 진출을 위해 이것저것 알아보고 있는 과정에 있었다면 바로 그만 두는 것이 바람직합니다. 象傳(상전)에, 군자는
이 괘를 보고 환난이 있을 것을 생각하고 이를 예방한다는 말이 있습니다.

64. ䷿ 화수미제(火水未濟)

상괘 火(화- 해) 하괘 水(수- 물)로, 해가 이제 막 수평선 위로 떠오르고 있는 모양입니다.
未(미)는 아닐 미 / 濟(제)는 이룰 제, 건널 제, 구제할 제, 이루어질 제, 쓸 제, 더할 제, 많을 제, 증가할 제 字입니다.
미제(未濟)는 일이 아직 이루어지지 않았다는 뜻을 가진 이름입니다.

한줄기 희망의 빛이 보이기 시작한 때라고 할 수 있으나, 세상을 환히 비추는
正午(정오- 낮 12시)가 되기까지는 가야할 길이 많이 남아 있습니다.

일반 운세에서 미제(未濟)가 나오면, 음양이 자기 자리를 벗어나 있다는 의미에서 뇌경색을 가장 경계하여야 합니다. 미제사건(未濟事件- 해결하지 못한 사건) 이라는 용어는 바로 이 괘에서 유래한 것입니다.
사업의 경우, 계획을 밀고 가기에는 여러 가지 조건들이 미비한 상태일 것입니다.

象傳(단전)에, 어린 여우가 강을 거의 다 건너가다 물속을 빠져나오지 못한다
는 말이 있습니다. 욕심만 가지고 되는 일은 어디에도 없습니다. 우선
시간을 두고 실력과 기반을 갖추는 데에 최선의 노력을 기울여야 할 것입니다.

혼담은, 이와 같은 흐름에서 당사자 모두 상당한 인내가 필요할 것으로 보입니다.

"이 여성과 결혼해도 되겠습니까?"

火(화)는 여자, 水(수)는 남자의 의미가 있습니다. 여성이 남성을 리드하고 있는 象(상)으로 볼 수 있는데
1, 3, 5 양(─)의 자리에 음(--)이 2, 4, 6 음(--)의 자리에 양(─)이 자리하고 있습니다. 상대 여성이 더 좋은 처지(- 陽)에 있기는 하나

1, 4 / 2, 5 / 3, 6 에 서로가 밀쳐내는 음음, 양양이 아니라, 음과 양이 1대 1로 감응하고 있습니다.

그녀가 나를 어느 정도는 괜찮게 보고 있다는 것을 짐작할 수 있습니다.
단전의, 비록 부당한 자리이나 강과 유가 감응한다는 말에 해당할 것입니다.
용기를 내서, 앞으로의 구체적인 행보(行步- 일정한 목표를 향하여 나아감) 와 포부를 정성스럽게 설명하며 가까이 다가서 보았으면 합니다.

"이 남성과 결혼해도 되겠습니까?"

잡괘전에, 남자의 처지가 곤궁하다 라는 말이 있습니다. 이 괘는 1, 3, 5 양(─)의 자리에 음(--)이

2, 4, 6 음(--)의 자리에 양(—)이 자리하고 있는데, 여기서 음(陰)의 자리에
양(陽)이 있다는 것은, 남자가 자기 역할을 제대로 해내지 못하고 있다는 것과 통하는 이야기입니다. 경제적으로는 다소 어려운 처지에 있을 것입니다.

그러나 원문의 君子之光(군자지광- 군자의 덕이 있다) 이라는 말과 같이,
믿고 의지할 수 있는 인격과 성품을 지닌 사람입니다. 여인의 사랑으로
재능을 꽃피우는 남자들도 많이 있습니다. 내가 원하는 수준에까지 올라설 수 있는 인물입니다.

- 끝 -

나도 점을 칠 수 있다
내 궁합, 내가 직접 보자

초판 1쇄 2024년 7월 29일

지은이 나현
발행인 나현
총괄/기획 경쟁우위전략연구소장 강성근
마케팅 강성근
디자인 안준원

발행처 삼현미디어
등록번호 841-96-01359
주소 고양시 덕양구 원흥 1로 11, 1206- 407호
팩스 0504- 045- 0718
이메일 kmna1111@naver.com
가격 12,000원
ISBN 979- 11- 983798- 2- 5

나 현 2024, Printed in Korea.
이 책은 저작권법에 따라 보호받는 저작물이므로 무단전재와 무단복제를 금지하며, 책 내용의 일부 또는 전부를 이용하려면 저작권자와 삼현미디어의 서면 동의를 받아야 합니다.
파본이나 잘못된 책은 구입처에서 교환해드립니다.